청소년을 위한
나의 첫 토론 수업

청소년을 위한
나의 첫 토론 수업

초판 1쇄 인쇄 2024년 7월 15일
1쇄 발행 2024년 7월 31일

지은이 홍진아

펴낸이 우세웅
책임편집 강진홍
기획편집 강수아
출판콘텐츠제작 김세경
북디자인 박정호

종이 페이퍼프라이스㈜
인쇄 ㈜다온피앤피

펴낸곳 슬로디미디어
신고번호 제25100-2017-000035호
신고년월일 2017년 6월 13일
주소 경기 고양시 덕양구 청초로66, 덕은리버워크 지식산업센터 A동 15층 18호

전화 02)493-7780
팩스 0303)3442-7780
전자우편 wsw2525@gmail.com(원고투고·사업제휴)
홈페이지 slodymedia.modoo.at
블로그 slodymedia.xyz
페이스북·인스타그램 slodymedia

ISBN 979-11-6785-209-0 (03370)

DEBATE

생각하는 십 대를 위한
이슈를 디베이트하다

청소년을 위한
나의 첫 토론 수업

홍진아 지음

슬로디미디어

추천사

미래 세대에게 가장 필요한 능력은 합리적으로 추론하여 올바른 결론을 도출하는 능력, 그리고 다양한 사회 이슈를 비판적으로 사고하는 능력 등이라고 할 수 있다. 이 책은 디베이트라는 형식을 통해 끊임없이 나와 주변 세계에 질문을 던져 이러한 능력을 키울 것을 강조하고 있다. 또한 현재 우리 사회의 다양한 이슈를 여러 사람이 참여하는 디베이트 형식으로 구성하여, 논리적 사고에 바탕한 합리적 토론 문화를 어떻게 정착시켜야 하는지를 생생하게 보여준다. 청소년은 물론 교육 관계자 모두에게 이 책은 올바른 디베이트 방식을 알려주는 구체적이고 충실한 지침서 역할을 할 것이다.

이선재(대한민국 대표 국어 일타강사)

AI 기술이 빠르게 발전하는 시대에는 기계가 대신할 수 없는 인간만의 창의적이고 논리적인 사고 능력이 더욱 중요해집니다. 홍진아 선생님의 『청소년을 위한 나의 첫 토론 수업』은 AI 시대에 청소년들이 독서와 토론으로 생각하는 힘을 기를 수 있도록 안내하는 탁월한 지침서입니다. 토론을 가르치는 홍진아 선생님의 풍부한 경험과 깊은 통찰에 바탕한 이 책은 학생들이 다양한 주제를 비판적으로 사고하고 논리적으로 표현할 수 있는 능력을 키울 수 있도록 돕습니다.

홍진아 선생님은 이 책을 통해 학생들이 자신의 생각을 정리하고, 다양한 관점에서 문제를 바라보며, 설득력 있게 의견을 제시하는 방법을 배우게 합니다.

책 속에는 학생들이 직접 경험하는 일상적 주제부터 학교 폭력 조치 기록의 대학 입시 반영 여부, 촉법소년 연령 하향 조정 등 사회적으로 중요한 이슈에 이르는 다양한 토론 주제가 등장합니다. 이를 통해 학생들은 자신의 의견을 논리적으로 구성하고, 상대방의 의견을 경청하며, 건설적인 대화를 나누는 법을 배웁니다.

『청소년을 위한 나의 첫 토론 수업』은 청소년들의 생각하는 힘을 길러주는 소중한 책입니다. 깊이 있는 사고력과 표현력을 기르고자 하는 모든 학생과 교사에게 이 책을 강력히 추천합니다. 이 책을 통해 우리 아이들이 AI 시대에도 명확한 사고와 소통의 가치를 배울 수 있기를 바랍니다.

정철민(『괜찮아, 새로운 나로 살기로 했어』, 『정서적으로 건강한 부모, 정서적으로 건강한 아이』 작가)

우리 아이들은 자기 앞에 던져지는 이슈들에 관해 자기 의견을 가지고 있을까? 다른 친구들의 의견이 다를 때 서로를 인정하며 의견을 나눌 수 있을까? 우리 아이들은 생각하고 주장하고 다른 사람의 이야기를 들을 줄 아는 능력이 어느 때보다도 시급한 시대에 놓여 있다. 이러한 시기에 출간된 『청소년을 위한 나의 첫 토론 수업』은 신선하고 효율적으로 우리 아이들의 성장을 이끌어낼 수 있는 구체적인 길을 제시한다.

이웅(Christian Sprout Intercultural School 교장, 한순교회 담임목사)

프롤로그

"마지막 질문 기회를 주겠습니다"

꽤 오래전 일입니다. 2010년 서울에서 주요 20개국(G20) 정상 회의가 열렸습니다. 폐막식장에서 버락 오바마 당시 미국 대통령이 주최국인 한국의 기자들에게 마지막 질문 기회를 주었습니다. 그런데 한 사람도 손을 들지 않았어요. 오바마는 살짝 당황한 눈치였고, 그 틈을 타서 중국 기자가 질문하겠다며 손을 들었습니다. 오바마는 다시 한번 질문 기회를 주겠다며 한국 기자들을 바라보았지만 모두가 끝까지 침묵을 지켰습니다. 이 장면을 뉴스로 지켜보던 저는 어떻게 기자라는 사람들이 질문 하나 던지지 못하고 절호의 기회를 날리는지 이해할 수 없었고, 동시에 큰 충격을 받았던 기억이 생생합니다.

우리나라 학교에서도 상황은 별반 다르지 않습니다. 중학교, 고등학교는 물론이고 대학교에서도 일방적인 강의를 듣고 외우고 시험을 보는데, 질문하는 학생은 거의 없습니다. 질문을 했다가 나만 모른다는 것이 탄로 날까 봐 걱정되어 용기가 나지 않기 때문이겠죠. 또 궁금한 내용을 질문으로 표현하기 어렵기 때문이기도 하고요.

이렇게 질문하지 못하는 학생이 자라서 질문하지 못하는 어른이 되는 것이 대한민국의 현실이라고 생각하니 매우 답답했습니다. 이 땅의 청소년은 주어진 질문에 정해진 답을 말하는 것에 길들여졌습니다. 그렇게 우리 사회와 우리 교육이 강요한 결과이기도 합니다. 정답만 말하는 과정에는 창의성이 들어설 자리가 없습니다. 다른 답을 생각할 겨를이 없고 생각할 필요도 없습니다. 당연히 궁금한 것도 없어지고 질문할 거리도 없어지죠. 남들이 어떻게 생각할까를 한국 학생들이 걱정하는 사이 외국 학생들은 자신의 생각을 거침없이 말하고 발표하고 질문합니다.

초등학교 6학년 국어 교과서에는 질문 만들기가 나옵니다. 주어진 글을 읽고 사실을 확인하는 질문과, 친구들의 생각을 알 수 있는 질문을 만들어보라는 내용입니다. 그런데 학생들은 질문해보라는 말을 전혀 이해하지 못하고, 예시로 나온 질문의 답을 적기에 바빴습니다. 제가 한참을 설명한 후에야 질문을 만들 수 있었지요. 질문을 만든다는 것 자체가 매우 생소했기 때문입니다. 아이들 모습을 보면서 저는 고민했습니다. 왜 우리의 교육은 주어진 질문에 정답만 말하는 아이들을 만들어내고 있을까?

읽기, 쓰기, 듣기, 말하기 네 가지 영역 중 우리나라 학생들이 가장 약한 분야는 바로 말하기입니다. 자리에 앉아 있을 때는 말을 잘하더라도 막상 다른 이들 앞에서 발표하도록 하면 적어 온 대본을 그저 읽는 학생이 많습니다. 그저 강의를 듣는 것에 익숙하기 때문에 공식적인 말하기를 매우 어려워합니다. 저는 교사가 일방적으로 지식을 전달하는 것이 아니라 교사와 학생이 의견과 질문을 주고받는 역동적이고 활기찬 수업을 만들고 싶었습니다.

그래서 국어 교과서 외에 마이클 샌델 교수의 『정의란 무엇인가』의 일부 내용을 발췌하여 함께 읽고 학생들이 어떻게 생각하는지를 질문했습니다. 처음에는 학생들이 좀처럼 말하지 않았죠. 하지만 저는 계속 질문을 던졌습니다. 학생들이 자기 생각을 말하고 또 다른 학생이 반대 의견을 말할 때까지 저는 계속 질문하며 수업을 이끌었습니다. 그 과정에서 학생들은 조금씩 자기 의견을 말하기 시작했습니다.

저는 또 질문했습니다. "왜 그렇게 생각하죠?" 자신의 의견에 논리적인 근거를 제시해야 하기 때문입니다. 그리고 수업 시간에 토론한 내용을 바탕으로 자신의 생각을 더 정리하여 주장하는 글을 쓰도록 하며 마무리했습니다.

이것이 제 수업에 토론식 방법과 전략적 글쓰기를 도입한 이유입니다. 찬반양론이 있는 논제에 대해 자신의 주장을 확립하고 이를 뒷받침할 근거를 찾는 과정에서 비판적 사고 능력을 기를 수 있습니다. 상대방 의견을 경청하고 반대 의견을 정립하여 제시하는 과정에서 의사소통하고 협업하는 능력도 기를 수 있습니다.

그래서 토론이 필요합니다. 하나의 논제에 대해 견해가 다른 사람들끼리 자신의 생각을 주장하고 논리적으로 뒷받침할 수 있어야 합니다. 상대방을 설득하기 위해서는 주장과 근거 사이에 논리적 타당성이 있어야 하죠. 근거를 찾기 위해서 탄탄하게 자료 조사를 하고 상대방의 반론을 예측하여 답변까지 생각해야 합니다. 이러한 일련의 과정에서 '스스로 논리적으로 생각하는 힘과 근육'이 생깁니다.

스스로 생각할 수 있으면 삶을 주도적으로 살아갈 수 있습니다.

위기가 찾아오면 어떻게 극복할 수 있을까 스스로 질문하고 극복 방법을 찾게 됩니다. 토론은 사고의 근육을 단단하게 만들어 정신을 단련하는 트레이닝 센터입니다.

어른들은 청소년들에게 완벽한 세상을 물려줄 수 없습니다. 우리 사회의 문제도 함께 물려주게 될 것입니다. 하지만 자신의 주장을 정립하고 논증하는 과정을 단련한 청소년들은 사회문제를 바라보는 관점도 다를 것입니다. 청소년 여러분, 토론을 통해 미래 인재의 역량인 창의성, 비판적 사고 능력, 의사소통과 협업 능력을 기르고 대화와 타협으로 사회문제에 참여해보세요.

최근 우리 사회를 뜨겁게 달구고 있는 사회 이슈를 가지고 이 책의 등장인물 서연이, 준혁이, 하나, 가람이와 함께 토론해보세요. 책을 읽다 보면 아마 자신의 생각도 말하고 싶어질 거예요. 학교에서 친구들과 함께 디베이트 동아리를 만들어보면 어떨까요? 꼭 디베이트 대회에 나가지 않더라도 사회의 다양한 이슈에 관심을 가지고 자신의 주장과 근거를 만들어보세요. 어느새 수업 시간에 발표하고 질문하는 것이 두렵지 않을 거예요. 디베이트 클럽에 오신 여러분을 환영합니다!

저자 홍진아

차례

추천사 . 4

프롤로그 "마지막 질문 기회를 주겠습니다" . 6

PART 1 질문할 기회를 주세요

01 내 생각을 당당하게 말하고 싶어요! . 15

02 디베이트와 토론은 어떻게 달라요? . 19

03 디베이트는 형식을 갖춰야 한다고요? . 22

04 조사하고 생각하며 읽어요 . 25

05 논설문처럼 쓰세요 . 28

06 허점을 찾아내 질문하고 반박하세요 . 31

07 공격하고 방어할 작전을 짜며 들으세요 . 34

PART 2 교육 이슈를 통한 디베이트

01 나는 선생이고 너는 학생이야(학생인권조례) . 40

02 우리들의 일그러진 영웅(학폭 조치 기록 대학 입시 반영) . 49

03 '킬러 문항' 아래서 . 58

04 상대평가냐 절대평가냐, 그것이 문제로다–『수레바퀴 아래서』(헤르만 헤세) . 65

05 "나, 촉법소년이라고!" 외치는 아이들 . 72

PART 3 사회 이슈를 통한 디베이트

01 흉악범을 사형해야 할까요?. 83

02 장애인은 지하철에서 시위해도 되나요?-『가방 들어주는 아이』(고정욱). 92

03 저출산·고령화 시대, 결혼과 출산은 개인의 자유일까요?. 99

04 초등생도 의대 광풍, 그런데 의사가 없다고요?-「꺼삐딴 리」(전광용). 106

05 지하철 운송 적자, 노인 무임승차 때문이라고요?. 115

PART 4 차별 이슈를 통한 디베이트

01 노키즈 대한민국? 퍼스트 키즈 대한민국?. 125

02 흑인은 인어공주 하면 안 되나요?. 134

03 여성도 군대 가야 성 평등이 실현되나요?. 139

PART 5 그래서 디베이트!

01 자기 목소리를 낸다는 것. 149

02 뻔뻔한 도전 정신, 이스라엘의 후츠파. 152

03 성숙한 토론 문화, 무엇이 옳은가?. 156

04 무식한 대한민국 vs 독서 디베이트. 160

05 대학생 '독서 골든벨' vs 인문학 디베이트. 165

에필로그 AI와 디베이트한다고?. 168

주. 170

참고문헌. 176

PART

1

질문할 기회를 주세요

01

내 생각을 당당하게 말하고 싶어요!

우리 친구들은 토론을 좋아하나요? 수업 시간에 토론을 해본 경험이 있나요?

우리나라 중·고등학교의 한 학급당 학생 수가 과거에 비해서는 많이 줄었어요. 하지만 아직도 수업 시간에 모두 함께 토론하기는 어렵습니다. 모든 학생이 토론에 참여하면 좋지만, 말하기를 좋아하는 친구들이 주로 참여하고 조용한 친구들은 듣기만 하는 경우가 많아요. 나도 말하고 싶은데 뭐라고 해야 좋을지 몰라서 답답한 적이 있었나요?

자신의 생각을 논리적으로 주장할 때의 쾌감을 경험하면 토론의 재미에 빠지게 되지요. 토론할 때는 먼저 주장을 확실히 정하고 이를 뒷받침할 수 있는 근거를 모아야 합니다. 주장만 강조하고 근거를 제시하지 않으면 아무도 내 주장에 동의하지 않기 때문이죠. 이때 주장하는 내용은 반드시 중요하고 가치 있어야 해요. 즉, 주제가 내세우며 주장할 만해야 합니다.

또한 근거를 수집하여 요약하고 재구성하면 종합적 사고 능력을 향상하고 다양한 지식을 융합하는 능력도 키울 수 있어요. 청중 앞에서 의견을 논리정연하게 말하는 과정에서 의사소통 능력을 기르고, 반대 의견을 지닌 학생과 싸우지 않고 서로 존중하며 소통하는 기술도 배울 수 있습니다. 토론할 때 학생들은 상대의 주장을 깨부수어 내 주장에 동의하도록 만들고 싶어 합니다. 토론의 목적은 상대방을 설득하는 것이지만, 상대가 자신의 주장을 포기하고 나의 주장에 동의하게 할 수 없을 때도 있어요. 그래서 토론하다 보면 서로 이기고 싶어서 싸움을 벌이기도 해요.

비단 청소년들만 토론할 때 싸우는 것은 아닙니다. 텔레비전에서 정치인들이 하는 토론회를 본 적 있나요? 대통령 후보들도 자기 공약의 정당성을 주장하고 상대측 공약의 허점을 비판하며 신랄한 토론을 벌이지요. 그런데 서로 싸우다 보면 근거는 온데간데없고 상대에 대한 비난만 남는 허탈한 일이 일어납니다. 우리가 토론을 하는 목적은 상대를 비난하고 싸우기 위해서가 아니라 더 나은 결정을 하기 위해서입니다.

제대로 된 토론들을 경험하면 생각을 명확하고 논리적으로 당당하게 말할 수 있습니다. 그런데 내가 어떻게 생각하는지 잘 모르겠다고요? 무엇에 관해 토론해야 할지 모르겠다고요?

첫째, 우리 사회에서 현재 벌어지는 '정치, 경제, 사회, 문화의 다양한 이슈'에 관심을 가져보세요. 일상생활의 거의 모든 것이 토론 주제가 될 수 있어요. 학생이라면 학교생활에 관한 것들이 주제가 될 수 있겠죠. 예를 들면 '교복 착용을 폐지해야 한다', '학교 급식 업체를 바꿔야 한다', '교내 휴대전화 사용을 금지해야 한다' 등입니다. 여러분이 주제에 관심이 있어야 활발히 참여할 수 있어요.

둘째, 우리를 둘러싼 '사회를 바라보는 눈'을 키워봐요. 사회가 던지는 문제에 대한 자신의 생각을 깊이 살펴보기를 바랍니다. 많은 사람이 함께 살아가는 사회에는 항상 문제점이 있기 마련이에요. 학교도 마찬가지고요. 안타깝게도 사회에는 어른들이 오랫동안 풀지 못한 문제가 많이 남아 있습니다. 이 책에 등장하는 이슈는 우리 사회에서 많은 논란을 불러일으키고 있으며 찬반양론이 명확하게 구분되는 주제입니다. 이에 관해 토론하다 보면 자연스럽게 상황을 바라보는 눈을 키울 수 있어요.

셋째, 직접 '질문'을 해보세요. 책이나 기사를 읽을 때는 글쓴이의 생각에 그냥 동의하지 말고, 정말 그러한지 의문을 품어보세요. 의심이 들면 다른 자료를 찾아보세요. 내 주장을 뒷받침하는 근거를 제시하기 위해서는 관련 자료를 찾아야 합니다. 그리고 부모님이나 선생님, 친구들과 이야기 나눠보세요. 다른 사람의 의견도 들어보는 겁니다. 내 생각과 같을 수도 있고 다를 수도 있겠죠?

어떤 질문을 해야 할지 모르겠다고요? 찬성해야 할지 반대해야 할지 잘 모르겠다고요? 제대로 질문하려면 먼저 해당 주제를 잘 알아봐야겠죠? 세상에는 매일 엄청나게 많은 정보가 쏟아지고 있어요. 인터넷 검색만으로도 책이나 신문 기사, 학술 논문까지 찾아볼 수 있는 편리한 세상이죠. 하지만 이 많은 정보를 모두 믿을 수 있을까요? 양이 많은 만큼 가짜 정보도 많습니다. 먼저 조사한 자료를 읽고 무엇이 가치 있는 이슈인지 판단하는 연습을 해야 합니다.

사회문제에 관심을 가지고 내 생각을 당당하게 말하고 싶은가요? 그럼 이제 토론과 디베이트의 차이와 형식을 알아보고 어떻게 하면 디베이트를 잘할 수 있을지 알아볼까요?

디베이트와 토론은 어떻게 달라요?

토론이란 어떤 논제에 대한 입장이 서로 다른 사람들이 상대를 논리적으로 설득하는 말하기입니다. 논제란 논설이나 토론에서 논하고자 하는 내용을 말해요. 즉, 토론에는 명확한 논제가 있어야 하고, 이에 대해 찬성 또는 반대하는 양측이 있어야 해요. 양측은 논리적 근거를 제시하여 상대방이나 청중을 설득해야 합니다.

디베이트란 '찬성과 반대로 나눌 수 있는 주제뿐 아니라 발언 순서와 시간도 미리 정하는 토론 방법'이에요. 즉, 일반적인 토론보다 형식이 크게 제약된다고 볼 수 있어요. 흔히 토론을 영어로 디베이트(debate)라고 하는데, 디스커션(discussion)과 구별해야 해요.

Discussion의 뜻을 옥스퍼드 영영사전에서 찾아보면 다음과 같습니다.

"The action or process of talking about something in order to reach a decision or to exchange ideas(결정을 내리거나 생각을 교환하기 위해 어떤 것에 관해 이야기하는 행동이나 과정)."

즉, 디스커션은 무언가를 결정하거나 의견을 교환하기 위해 문제에 대한 생각을 말하는 행동 혹은 과정을 말합니다. 따라서 꼭 찬성과 반대로 입장을 나누는 것이 아니라 더 좋은 대안을 찾기 위해 자유롭게 생각을 말하는 활동이에요. 그래서 디스커션은 '토의'와 더 가까워요. 국어사전을 찾아보면 토의란 "어떤 문제에 대하여 검토하고 협의함"이라고 쓰여 있어요.

그럼 토론과 디베이트는 어떤 점이 다를까요? 가장 큰 차이는 '정해진 형식이 있는가' 여부예요.

토론과 디베이트 모두 어떤 주제에 관해 찬반양론이 존재해요. 하지만 디베이트는 발언 시간과 발언 순서가 정해져 있어요. 또 토론에는 사회자가 있지만 디베이트에는 심판이 있어요. 발언 시간과 순서가 이미 정해져 있어서 사회자가 필요 없기 때문이에요. 그럼 디베이트에서는 왜 발언 순서와 시간을 정할까요? 찬성 팀과 반대 팀이 동일한 조건에서 토론하기 위해서라고 생각하면 돼요. 자유롭게 토론하다 보면 토론에 자신 있는 친구는 말을 많이 하고, 자신이 없거나 무슨 말을 해야 할지 모르는 친구는 아예 말을 하지 않잖아요. 그래서 양 팀 모두에 정확히 같은 시간을 배분해주는 거예요. 디베이트에서는 발언 시간을 어기면 감점을 받아요.

국어 교과서에는 디베이트와 토론을 구별하지 않고 그냥 '토론'이라고 명시되어 있지만, 우리말에서 토론은 디베이트보다 훨씬 폭넓게 사용됩니다. 한편 발언 시간과 순서에 제약이 있는 토론을 '아카데미식 토론'이라고 부르기도 해요. 즉, 토론에 관한 책이나 지은이에 따라 형식이 있는 토론을 '디베이트' 혹은 '아카데미식 토론'이라고 불러요.

학교에서 독서 토론이나 자유 토론을 할 때는 찬성하는 쪽과 반대하는 쪽으로 입장을 나누지 않을 때가 많죠? 우리말에서는 주제에 관하여 서로 자유롭게 의견을 말하는 것도 토론이라고 하기 때문에 '디베이트'보다 의미가 훨씬 광범위하게 사용됩니다. 디베이트가 원래 영미권에서 시작되고 발달했기 때문에 디베이트 형식의 이름은 대부분 영어를 사용해요.

03

디베이트는 형식을 갖춰야 한다고요?

디베이트에서는 어떤 형식이 가장 많이 사용될까요? 보통 다섯가지를 꼽을 수 있어요.

첫 번째는 '의회식 디베이트(British Parliamentary Debate)'예요. 19세기 초 영국 옥스퍼드대학교와 케임브리지대학교 사이에서 시작된 토론 형식이에요. 말 그대로 영국 의회에서 실제 벌어지는 토론을 본떴기 때문에 찬성 팀을 정부 팀으로 부르고, 총리와 여당 의원, 두 명으로 구성됩니다. 반대 팀은 야당 대표와 야당 의원, 두 명이고요. 정책을 입안하려는 정부 팀과 저지하려는 야당 팀이 2 대 2로 대결하는 방식이죠. 이 형식은 세계대학생토론대회(WUDC)와 유럽대학생토론대회(EUDC) 그리고 동북아시아대학생토론대회(NEAO) 등 대학생들이 참가하는 국제 토론 대회에서 가장 보편적으로 사용하고 있어요.

의회식 디베이트에서는 주제가 대회 직전에 주어져요. 그래서 참가하는 학생들은 시작하기 20분이나 10분 전에야 주제를 알게 되죠. 사전에 준비할 수 없으니 평소에 디베이트를 충분히 연습해본 학생들에게 유리하겠죠? 이 형식은 디베이트를 처음 해보는 학생들에게는 매우 어렵습니다.

두 번째는 '일대일로 진행하는 링컨-더글러스 디베이트(Lincoln-Douglas Debate)'예요. 1858년 미국에서 에이브러햄 링컨과 스티븐 A. 더글러스가 7회에 걸쳐 노예제도에 관해 신랄하게 토론한 데서 유래했어요. 두 사람이 노예제에 얽힌 윤리와 가치관을 두고 격돌했으므로 링컨-더글러스 디베이트에서는 주로 철학과 윤리 같은 가치 주제를 다뤄요. 또 일대일로 진행되기 때문에 디베이터의 역량이 매우 중요해요.

세 번째는 '폴리시 디베이트(Policy Debate)'예요. 디베이트 중 가장 어렵다고 평가받는 이 방식은 2 대 2로 진행해요. 폴리시 디베이트는 1800년대 중반 미국 대학생들이 시작했어요. 이때는 대학을 중심으로 진행되었고, 지금과 달리 교차 조사가 빠져 있었어요. 이후 1970년대에 지금 같은 형태로 고등학교에도 퍼졌어요. 폴리시 디베이트는 미국 연방 정부의 정책에 대해 찬성과 반대로 나누어 토론하기 때문에 주제도 '미국 연방 정부는(The United States federal government)…'이라고 시작해요. 우리나라에 '세다(Cross Examination Debate Association, CEDA)'라고 알려진 형식의 원조죠. 여기에는 상대방의 입론이 타당한지를 검증하는 반대 심문인 '교차 조사(cross examination)'가 포함돼 있어요.

폴리시 디베이트의 가장 큰 특징은 1년에 주제가 한 가지만 제시된다는 점이에요. 참가 학생들은 1년 동안 이 주제를 조사해 디베이트를 준비해야 해요. 준비 시간이 1년이니 자세히 조사할 수 있다는 것이 장점이지만, 디베이트에 처음 참가하는 학생들에게는 매우 어렵겠죠.

네 번째는 '3 대 3으로 진행하는 칼 포퍼 디베이트(Karl Popper Debate)'예요. 오스트리아 출신의 영국 과학철학자 칼 포퍼의 이름에서 따온 디베이트로, 비교적 최근인 1994년에 중·고등학생을 대상으로 만들어졌습니다. 칼 포퍼 하면 『열린 사회와 그 적들』이 생각날 정도여서 사회철학자로 인식하는 경우가 많지만 원래 과학철학자입니다. 포퍼는 인간의 이성이 불완전하다고 봤기 때문에 반드시 소통과 반증이 필요하다고 주장했어요. 그래서 이 방식은 상대 주장의 허점을 공격하는 데 중점을 둬요.

다섯 번째는 최근 개발된 '퍼블릭 포럼 디베이트(Public Forum Debate)'예요. 초·중·고등학생과 대학생, 일반인도 디베이트를 쉽게 즐길 수 있도록 2002년에 만들어진 형식입니다. 2 대 2로 진행하는 이 방식은 우리나라에서 가장 많이 활용되고 있어요.

'퍼블릭 포럼'이라는 말에서 알 수 있듯 일반인을 대상으로 하기 때문에 청중이 이해하기 쉬운 용어를 사용할 것을 권장해요. 또 철학적 논제보다 실생활과 관련 있거나 사회적 이슈가 되는 현실적 문제를 논제로 삼아요.

폴리시 디베이트의 교차 조사를 변형한 '교차 질의(cross fire)'가 포함되어 있어서 '크로스 파이어 디베이트'라고 불리기도 해요.

04

조사하고 생각하며 읽어요

이제 토론과 디베이트가 어떻게 다른지 알겠나요? 그럼 디베이트를 본격적으로 하기 위해서는 무엇을 가장 먼저 해야 할까요?

바로 주제에 관한 자료를 조사하는 것이에요. 앞에서 이야기했듯 디베이트는 찬반양론이 있는 주제에 관해 발언 시간과 순서를 정해놓고 청중을 설득하는 말하기예요. 따라서 자신의 주장을 설득력 있게 전달하려면 주제에 관한 자료를 찾아 읽고 이해해야 해요.

이때 함께 생각해볼 문제가 있어요. 첫째, '관련 자료를 왜 찾아야 할까요?' 그 이유는 디베이트의 기본은 주제에 관한 정확한 자료를 조사하는 것이기 때문이에요. 주제에 찬성하거나 반대하는 입장을 정하고 그 근거를 제시하는 것을 입안(constructive speech) 또는 입론이라고 해요. 즉, 조사하고 수집한 자료를 요약해 이를 바탕으로 주장과 근거를 세우는 것입니다. 주제와 주장을 분석하기 위해서는 주제에 관한 내용을 철저하게 읽고 이해해야 해요. 자료는 입론뿐 아니라 디베이트의 모든 단계에 사용할 수 있으니 제대로 조사하는 방법을 연습할 필요가 있어요.

둘째, '조사한 자료를 모두 믿을 수 있을까요?' 매일 엄청나게 많은 정보가 쏟아지는 시대에는 내게 꼭 필요한 정보를 빠른 시간 안에 찾아내고 가치를 판단하는 능력이 매우 중요해요. 인터넷 검색만으로도 웬만한 책과 언론 기사, 학술 논문을 쉽게 찾아볼 수 있지만 그만큼 허위 정보나 가짜 뉴스도 많이 섞여 있어요. 검색되는 정보를 그대로 믿지 말고, 신뢰할 수 있는지 생각하고 판단하는 능력도 길러야 해요. 디베이트를 위해 처음 자료를 찾으면 이 과정이 어려울 수 있어요. 하지만 필요한 정보를 올바른 방법으로 찾는 연습을 계속하면 비판적 읽기 능력을 향상할 수 있어요.

셋째, '자료 조사는 왜 비판적 읽기 능력 향상에 도움이 될까요?' 디베이트를 잘하기 위해서는 많은 자료를 조사해야 해요. 그중에는 나에게 필요한 자료도 있고 필요하지 않은 자료도 있어요. 수많은 자료 중 무엇이 주제와 쟁점을 뒷받침할 수 있는지 확인하려면 그냥 읽어서는 안 돼요. 이 자료가 찬성 측의 주장과 근거가 될 수 있을지, 반대 측의 주장과 근거가 될 수 있을지를 생각하며 읽어야 하죠. 독자 여러분은 마인드맵을 그려본 적이 있을 거예요. 마인드맵에서 가지가 뻗어 나가듯 내 주장과 근거를 탄탄하게 지지해줄 자료를 골라내야 합니다. 이런 읽기를 비판적 읽기(critical reading)라고 해요. 다양한 자료를 읽고 재배치하면서 각 주제에 관한 핵심 단어의 뜻을 알면 어휘 실력과 배경 지식도 껑충 뛰어오를 거예요.

넷째, '관련 자료는 어디서 어떻게 찾아야 할까요?' 자료를 찾기 위해 각종 검색 사이트에서 디베이트 주제와 관련된 키워드를 입력해보세요. 예를 들어 주제가 '특목고를 폐지해야 한다'라고 가정해볼까요? 먼저 '특목고'가 '특수 목적 고등학교'라는 것을 알아야겠죠? 그렇다면 검색어로 특목고, 특목고와 특성화고의 차이, 특목고와 자사고의 차이, 특목고 종류, 특목고 폐지 등을 입력하여 확인해봐요. 엄청나게 많은 링크가 검색됐을 거예요. 하나씩 클릭해 읽으면서 필요한 정보라고 생각되면 저장해야 해요. 자료를 인용할 때는 반드시 출처를 밝혀야 하니까요. 따라서 찾은 자료는 반드시 출처까지 함께 정리하는 습관을 들여야 해요. 그렇지 않으면 상대가 출처를 요구할 때 얼버무리게 될 것이고, 그러면 준비를 소홀히 했다는 인상을 줄 수 있으니까요.

검색할 수 있는 자료에는 학술 연구 자료, 언론 기사, 통계 자료, 여론 조사 자료, 법 조항 등이 있어요. 이 중 학생이 가장 쉽게 찾고 이용할 수 있는 자료는 언론 기사, 통계 자료 및 여론 조사 자료입니다. 검색어 하나만 입력해도 여러 언론사의 기사가 쏟아져 나오죠. 기사는 기자가 취재할 때 여러 가지를 검토하고 확인하기 때문에 객관성과 신뢰성을 확보했다는 장점이 있어요. 하지만 기자의 의견과 사실이 뒤섞인 경우도 있기 때문에 잘 구분해 사용하는 것이 중요해요. 또 언론 기사는 해당 주제에 대한 인식이 과거의 일정 시점부터 현재까지 어떻게 바뀌어왔는지를 보여준다는 장점이 있어요. 하지만 인터넷에는 질이 낮은 기사도 있기 때문에 모든 언론사의 기사를 믿을 수는 없어요. 따라서 주요 일간지나 공영 텔레비전 방송의 기사를 주로 찾는 것이 좋아요.

논설문처럼 쓰세요

지금까지 디베이트 주제에 관한 자료를 조사했어요. 무척 많은 자료를 읽었기 때문에 모두 기억하기는 어려울 거예요. 좋은 통계 자료나 여론 조사 자료를 발견했더라도 나중에 어떻게 활용할지를 자료 조사 단계에서 확실히 알 수는 없어요. 그래서 자료의 종류와 예상하는 쓰임새에 따라 분류하고 정리할 필요가 있어요. 이 단계에 무척 유용한 것이 요약 기술이에요.

앞에서 디베이트 주제에 찬성하거나 반대하는 입장을 정하고 관련 근거를 제시하는 것을 입론 또는 입안이라고 한다고 했죠? 조사한 자료에 기반해서 논리적으로 타당한 주장과 근거를 세우는 것이 입론 글쓰기라고 할 수 있어요. 훌륭한 주장과 근거를 생각했더라도 글로 표현하지 못하면 소용이 없어요.

입론 글쓰기를 어렵게 생각할 필요는 없답니다. 왜냐하면 입론은 국어 시간에 배우는 '주장하는 글' 또는 '논증하는 글'인 논설문과 구조가 똑같기 때문이에요. 논설문은 어떤 글이죠? 특정 문제에 관해 다른 사람을 설득하기 위해 주장과 근거를 내세우는 글이죠. 즉, 논설문의 목적은 자신의 주장을 조리 있게 설명하여 상대방을 이해시키고 설득하는 것이에요. 그러기 위해서는 주장을 뒷받침해줄 충분한 이유나 근거를 내세워야 하고요.

논설문의 구조에 관해 복습해볼까요? 논설문은 서론, 본론, 결론 세 부분으로 이루어집니다. 서론에서는 문제 상황을 설명하고 주장을 밝혀요. 본론에서는 주장에 대한 근거를 두세 가지 제시해요. 결론에서는 본론을 요약하고 다시 한번 주장을 강조합니다.

입론 쓰기도 마찬가지예요. 입론의 구조도 서론, 본론, 결론으로 이루어져요. 서론에서는 디베이트 주제의 배경을 설명하고 용어를 정리해요. 자기 팀의 주제를 해석하고 찬성하거나 반대하며 구체적인 입장을 밝혀요. 그리고 앞으로 전개할 논거(근거)를 핵심어 중심으로 간단하게 제시합니다. 입론의 본론에서는 논설문의 본론과 마찬가지로 논거와 근거를 명확하게 제시해요. 입론의 결론에서는 주제어와 핵심어를 정리하고 마지막으로 발언하며 끝맺으면 됩니다.

조사한 자료로 서론, 본론, 결론을 구성하고 각 주장과 근거를 배치하는 과정을 거치면 논리적으로 생각하고 글로 표현하는 능력을 기를 수 있어요. '논리적'이라는 말이 추상적이어서 이해되지 않았더라도 상대의 논점과 나의 논점을 비교하고 토론하면서 무엇이 논리적인 것인지 자연스럽게 이해할 수 있어요.

디베이트를 마치고 입론 개요대로 한 편의 글을 쓰면 그대로 논설문이 됩니다. 이것이 바로 디베이트를 말만 잘하면 되는 말싸움으로 생각하면 안 되는 이유예요. 디베이트 능력과 글쓰기 능력은 같다고 볼 수 있으니까요.

입론 양식 예시

입론 개요		
서론	주제 배경	
	용어 정의	
	주제 해석	
	입장 표명	
	논거 제시(핵심어)	
본론	논거 1	주장 1
		근거 1
	논거 2	주장 2
		근거 2
	논거 3	주장 3
		근거 3
결론	정리와 마지막 발언	

06

허점을 찾아내 질문하고 반박하세요

여러분은 말을 잘하는 편인가요? 많은 사람 앞에서 자신의 생각을 말하는 것을 공적 말하기(public speaking)라고 합니다. 스피치(speech)한다고도 하죠. 수업 시간에 발표하거나 청중 앞에서 연설하는 것 등이 공적 말하기에 해당해요. 평소에는 말을 잘하더라도 청중 앞에 서면 많이 떨리고 긴장할 수 있어요.

발표할 때 떨려서 자료를 그냥 줄줄 읽은 적 있나요? 그저 읽기만 했다면 제대로 발표했다고 할 수 없어요. 논리적 주장과 근거로 상대를 설득해야 하는데 앞서 작성한 입론을 읽기만 한다면 그럴 수 있을까요?

디베이트는 공식적 언쟁의 수단이자 공개 연설의 일종입니다.[1] 그럼 디베이트는 어째서 좋은 말하기 훈련이 될 수 있을까요?

첫째, 언어적 요소와 비언어적 요소가 결합한 종합적인 말하기이기 때문이에요. 고대 로마의 정치가들은 모두 훌륭한 연설가였어요. 그들은 어떻게 수많은 청중 앞에서 연설하며 주장과 의견을 전했을까요? 웅변가 키케로는 연설자의 세 가지 의무를 이렇게 정의했어요. 첫째, 청중이 내용을 쉽게 이해하도록 명료하게 말해야 하고, 둘째, 청중이 연설을 듣고 싶은 마음이 들도록 재미있게 말해야 하며, 셋째, 청중이 동의하도록 설득력 있게 말해야 합니다.[2]

언어적 요소에는 단어, 말하는 속도, 말소리의 크기와 억양, 자연스러움 등이 포함됩니다.[3] 비언어적 요소에는 말하는 이의 자세와 움직임, 표정, 몸짓과 눈짓 등이 해당해요.[4] 떨린다고 입론서만 보거나 목소리의 강약 없이 빠르게만 읽는다면 청중이 이해하기 힘들 거예요.

둘째, 디베이트할 때 발언자의 임기응변 능력도 중요하기 때문입니다. 자료를 충분히 조사하고 입론을 잘 준비했더라도 상대측 발언에 따라 자신의 주장이나 근거를 바꿔야 할 상황이 생기기 마련이에요. 자기 입론의 구조를 명확하게 이해하고 기억해두어야 상대측 발언에 유연하게 대처하며 디베이트를 이끌어나갈 수 있어요.

셋째, 시청각 자료와 근거 자료를 활용할 때도 효과적으로 전달해야 하기 때문입니다. 상대측이 근거를 요청할 때나 내가 준비한 도표 자료를 설명할 때 목소리의 강약을 조절하여 정확한 의미를 전달하기 위해 노력해야 해요. 그냥 읽는다는 느낌을 주지 않도록 주의하세요.

그럼 디베이트가 왜 논리적 사고가 필요한 스피치 훈련이 될 수 있을까요? 교차 질의와 반박(rebuttal)을 중심으로 알아봐요.

찬성 측과 반대 측의 입론이 끝나면 두 입론 발언자끼리 교차 질의를 해요. 상대의 입론에서 논리적 허점을 찾아내 공격하기 위해서죠. 이때 교차 질의는 질문 형식으로 해야 합니다.

일반적인 디베이트에서는 이렇게 질문하는 방식을 교차 조사라고 하지만 퍼블릭 포럼 디베이트에서는 교차 질의라고 해요. 교차 질의는 입안을 맡은 두 발언자가 맞붙어 질문과 답변을 교환하며 진행하죠.[5] 상대의 발언을 듣고 짧은 질문으로 논리의 허점을 공격하는 것이에요. 따라서 교차 질의를 할 때 자기가 모르는 부분을 질문해서는 안 돼요. 대신 상대의 발언 중 모호한 부분을 찾아내 질문으로 압박해야 해요.

교차 조사와 교차 질의는 어떻게 다를까요? 교차 조사에서 질문자는 질문만 할 수 있고 답변자는 답변만 해야 해요. 하지만 디베이트를 더욱 역동적으로 만들기 위해 퍼블릭 포럼 디베이트에서는 양 팀이 서로 질문과 답변을 할 수 있도록 했어요. 또한 입론, 반박, 요약의 모든 단계 이후 교차 질의할 수 있는 것도 다른 점이에요.[6]

입론 후 교차 질의가 끝나면 반박을 시작합니다. 반박하는 발언자는 상대측 발언의 내용을 분석해야 하고, 상대측이 공격한 내용을 방어하기도 해야 합니다. 때로는 방어하기 위해 새로운 주장을 생각해내야 하죠.[7] 그래서 교차 질의와 반박을 잘하려면 논리적으로 사고하는 능력이 필요해요. 결과적으로 상대의 논리적 허점을 정확하게 공격하면 큰 쾌감을 얻을 수 있어요.

07

공격하고 방어할 작전을 짜며 들으세요

독자 여러분은 친구들과 대화할 때 주로 듣는 편인가요, 아니면 말하는 편인가요? 대화할 때 친구 말을 듣지 않고 자기 말만 하면 어떻게 될까요? 대화라고 할 수 없을 것이고 서로 기분만 상할 거예요.

디베이트가 말하는 능력을 기르는 좋은 훈련이란 사실은 알겠는데, 왜 좋은 듣기 훈련이라고도 할까요? 다른 사람의 말을 귀 기울여 듣는 것을 경청이라고 하죠. 왜 디베이트에서 경청이 중요한지 이야기해보죠.

처음 양측의 발언자가 찬성 또는 반대 주장을 펼치는 입론 발언이 끝나면 교차 질의와 반박이 시작됩니다. 교차 질의와 반박을 잘하기 위해서는 상대의 주장과 근거를 주의 깊게 메모하면서 들어야 해요. 아무리 기억력이 뛰어나더라도 많은 내용을 모두 기억할 수는 없어요. 들으면서 상대 논리의 허점을 찾아내고 공격할 작전을 짜야 해요. 또 상대의 반박을 경청하면서 내 주장을 방어할 논리를 찾아내야 하고요.[8]

디베이트에서 내 말만 하고 상대의 말을 집중해서 듣지 않으면 교차 질의와 반박 순서에서 아무 말도 할 수 없게 됩니다. 상대의 논리에 집중하며 듣는 것을 비판적 듣기(critical listening)라고 해요. 따라서 말만 잘한다고 해서 디베이트를 잘할 수는 없어요. 반드시 비판적 듣기를 입체적으로 함께해야 합니다.

이 점에서 디베이트는 웅변이나 일반적 스피치와 다릅니다. 반박을 잘하기 위해서는 상대의 말을 경청하며 핵심을 파악하고 오류나 허점을 찾아내야 해요. 주제에 대한 자신의 생각을 잘 전하기만 한다고 해서 디베이트를 잘한다고 할 수 없는 이유입니다.[9] 우리 팀이 반박해야 하는 순서인데 제대로 못하고 주장만 반복한다거나 상대 팀의 반박에 엉뚱한 이야기를 한다면 청중에게 논리적이라는 인상을 줄 수 없어요.

PART

2

교육 이슈를 통한 디베이트

이 책에서 함께할 디베이트 클럽 회원들을 만나볼까요?

홍 쌤 디베이트 클럽에 오신 여러분, 정말 반가워요. 많은 동아리 중 디베이트 클럽을 택한 이유가 있을 거예요. 공부하기 바쁜 고등학생에게 토론 동아리가 그리 인기 있지는 않잖아요? 간단한 자기소개와 함께 디베이트 클럽에 온 이유를 이야기해주면 좋겠어요.

준혁 안녕하세요? 2학년 최준혁입니다. 저는 법학을 전공해서 법조인이 되고 싶어요. 법대에서는 대부분 토론식으로 수업한다고 들었어요. 사실 법정에서 검사와 변호사가 벌이는 것이 토론이니까요. 토론은 혼자 할 수 없는데, 이렇게 함께하다 보면 배울 점이 있을 것 같아요.

홍 쌤 준혁이, 반가워요. 법조인이 되고 싶은 이유가 뭘까요?

준혁 마이클 샌델 교수의 『정의란 무엇인가』를 읽고 '정의'란 무엇일까를 생각해보게 되었어요. 친구들에게 물어봤더니 대부분 우리나라가 정의로운 나라가 아닌 것 같다고 말했어요. 제가 법을 공부해서 우리 사회에 정의를 실현해보고 싶어요.

하나 안녕하세요? 저는 1학년 강하나입니다. 장래 희망을 아직 정하지는 못했지만 예술에 관련된 일을 하고 싶어요. 한국 사회는 예술인을 무시하는 경향이 좀 있잖아요? 예술이 굶어 죽지 않는 사회가 되어야 해요. 또 예술에 관한 문제도 토론 주제가 될 수 있는지 궁금해요.

홍 쌤 정말요? 선생님은 예술가가 부럽던데! 물론 예술에 관한 문제도 토론 주제가 될 수 있죠. 다음으로 가람이가 이야기해볼까요?

가람 1학년 김가람인데요, 다들 말을 엄청 잘하시네요. 저는 게임과 코딩에 관심이 많아요. 저도 아직 진로를 정하진 못했지만 엔지니어가 되면 멋질 것 같아요. 수업 시간에 선생님들이 너는 어떻게 생각하느냐고 자꾸 물으세요. 별로 할 말이 없는데…. 토론을 하면 자신감이 생기고 할 말도 많아질 거라고 사회 선생님이 추천하셔서 왔어요. 제가 토론을 잘할 수 있을지는 잘 모르겠지만요.

홍 쌤 가람이, 반가워요. 가람이는 정보 통신 기술(IT)이나 과학기술 분야의 주제로 토론하면 아주 재미있어 할 것 같은데요. 토론을 꾸준히 하면 주변을 바라보는 눈도 무척 달라지고 자신감도 생길 거예요. 다음으로 서연이 소개해주세요.

서연 2학년 이서연입니다. 저는 어릴 때부터 부모님과 함께 뉴스를 봐서 그런지 시사 문제에 관심이 많아요. 청소년들도 연예인에만 관심 가지지 말고 사회문제에도 관심을 가져야 한다고 생각해요. 저는 국제 문제에도 관심이 많아요. 열심히 공부해서 외교관이 되거나 유엔(UN) 같은 국제기구에서 일하고 싶어요.

홍 쌤 서연이도 정말 반가워요. 시사 문제에 관심이 있든 없든 모두에게 토론은 도움이 될 거라고 믿어요. 여러분 모두 토론을 해봤을 거예요. 토론은 그저 말싸움이 아니라 읽기, 쓰기, 말하기, 듣기 모두 균형 있게 발달시킬 수 있는 좋은 훈련이에요. 자유롭게 자신의 주장을 이야기하고 반박하면서 토론하고, 주장하는 글쓰기로 마무리하는 것이 선생님이 하고 싶은 수업이에요. 우리 디베이트 클럽에서는 최근 사회에서 이슈가 되고 있는 문제를 주제로 정해 자신의 생각을 논리적인 주장과 근거로 표현하는 방법을 연습해나갈 거예요. 여러분과 함께할 디베이트 시간이 정말 기대됩니다!

01

나는 선생이고 너는 학생이야 (학생인권조례)

학생이 차별받지 않을 정당한 권리인가, 교권 침해의 주요 원인인가?

◆ 학생인권조례는 2010년 경기도에서 처음 제정했습니다. 현재는 경기, 서울, 충남, 전북, 광주, 제주 여섯 개 지역에서 시행하고 있습니다. 이 조례는 체벌 금지, 복장 및 두발 자유화, 성별·종교·가족 형태·성 정체성 등을 이유로 차별받지 않을 권리, 학생 자치 활동 보장, 사생활 비밀의 자유, 학습과 휴식에 대한 관리 등의 내용을 포함하고 있습니다. 조례를 폐지해야 한다는 측은 조례가 학생 인권에만 초점을 맞추기 때문에 교권이 추락했다고 주장합니다. 폐지를 반대하는 측은 교권 추락의 원인이 조례 때문만이 아니며, 조례가 폐지된다면 학생들이 학교 폭력과 차별로부터 보호받을 수 있는 최소한의 방어막이 없어진다고 주장합니다. 학생인권조례를 폐지해야 할까요? 당신은 어떻게 생각하십니까?

홍 쌤　가장 먼저 함께 이야기하고 싶은 문제가 있어요. 서울의 한 초등학교 선생님이 민원과 관련하여 겪으신 안타까운 소식, 여러분도 뉴스에서 봤죠? 사건 이후 여러 선생님을 시작으로 교권 침해 미투(MeToo) 운동이 일어났는데 그 중심에 '학생인권조례'가 있어요. 오늘은 학생인권조례가 학생이 차별받지 않을 정당한 권리인지, 교권 침해의 원인이므로 개정 또는 폐지해야 하는지에 관해 토론했으면 해요.

준혁　저는 학생인권조례의 폐지 또는 개정에 반대합니다. 이 조례는 학생의 인권을 보호하기 위해 꼭 필요하기 때문입니다. 부적절한 행동을 일삼는 몇몇 학생 때문에 조례를 폐지 또는 개정한다면 수많은 다른 학생의 인권을 보호하기 위한 방어막이 없어지는 것입니다.

서연　저는 학생인권조례가 교권 하락의 원인이기 때문에 폐지해야 한다고 생각합니다. 극단적 선택을 한 초등학교 선생님 사건 이후 학생에게 심각한 폭행을 당한 선생님의 사건이 보도되었어요. 여자 선생님들이 초등학교 고학년 남학생에게 폭행당했다는 사실은 학교 안에서 교사의 권위가 떨어졌다는 사실을 확실하게 보여주는 증거입니다.

하나　하지만 체벌이 전면 금지된 지 10년이 넘었지만 신체적 체벌만 사라졌을 뿐 언어적 체벌은 남아 있다는 주장도 있어요. 때리지만 못할 뿐 다른 체벌을 하는 선생님도 많잖아요?

준혁 교권 추락과 학생인권조례는 별개 문제입니다. 교권이 추락한 것은 사실이지만 그 원인이 학생인권조례 때문만은 아니죠. 그러니 학생인권조례를 폐지한다고 해서 교권이 회복될까요? 저는 오히려 아동학대법이 문제라고 생각해요. 아동학대법을 너무 폭넓게 적용하기 때문에 일부 학부모의 갑질이 문제가 되고 있어요.

가람 저는 오늘 디베이트 주제가 좀 어려워요. 학생인권조례에 관한 얘기는 들어봤는데 정확히 무엇인지는 모르겠어요. 그리고 왜 그게 선생님들 권위를 추락시키는지 잘 모르겠어요. 하지만 요즘 아이들도 별일 아닌 것도 '아동 학대'라고 많이 부르는 것 같긴 해요.

하나 맞아요. 교권 추락이 학생인권조례 때문만은 아닌 거 같아요. 입시 위주의 교육 때문에 학생들이 학교 선생님보다 학원에 더 의존하고 있잖아요. 우리나라 교육의 전반적인 문제 때문에 나타나는 문제이기도 해요.

서연 그래서 학생인권조례가 교권 하락의 주요 원인이라는 거죠. 밤늦게까지 학원 다니고 학원 숙제하느라 피곤해서 수업 시간에 아예 엎드려 자는 아이가 많은데 선생님이 깨우지도 못하세요. 선생님이 뭐라고 하면 무조건 '인권 침해'라고 말하고.

가람 '아동 학대'나 '인권 침해'라는 말들이 요즘 유행하긴 해요. 그런데 '인권'이 정확히 뭐죠?

홍 쌤 가람이가 좋은 지적을 했어요. 학생인권조례를 존치할 것이냐 폐지할 것이냐는 논쟁의 중심에는 인권 문제가 있어요. 이것을 어떻게 정의하느냐에 따라 인권 침해의 범위도 결정된다고 볼 수 있죠. 학생들이 정말 학교에서 '인권 침해'를 당한다고 느끼는지에 관한 자료도 제시하면 좋을 것 같아요.

> **세계인권선언** (1948년 12월 10일)
>
> 1948년 유엔총회에서 채택된 세계인권선언은 세계에서 가장 널리 인정되고 활용되는 인권 선언문입니다. 총 30개 조항을 통해 시민·정치·경제·사회·문화 전반에 대한 모든 인간의 권리를 천명하고 있습니다.
>
> 제1조: 모든 사람은 태어날 때부터 자유롭고, 존엄하며, 평등하다. (중략)
> 제30조: 이 선언에서 말한 어떤 권리와 자유도 다른 사람의 권리와 자유를 짓밟기 위해 사용될 수 없다. 어느 누구에게도 남의 권리를 파괴할 목적으로 자기 권리를 사용할 권리는 없다.
>
> 출처: 한양대학교 인권센터[1]

서연 필요해서 만들었겠지만 지금은 오히려 학생 인권을 지나치게 강조해서 몇몇 학생의 인권만 지켜지고 있어요. 교사의 지도에 따르지 않거나 반항하는 학생, 다른 학생을 폭행하거나 따돌리는 학생 때문에 피해를 보는 대다수 학생의 수업권과 인권은 어떻게 해요?

준혁 과연 그럴까요? 필요해서 만들었는데 폐지해야 할까요? 말을 듣지 않는다는 이유로 일부 몰지각한 교사가 어린 학생들을 폭행하는 일이 일어났기 때문에 학생인권조례 같은 장치를 마련해야 한다는 인식이 생긴 거예요.

서연 모든 학생은 교실에서 수업받을 권리가 있어요. 수업을 방해할 정도의 행동이나 버릇없는 행동을 할 때 선생님이라면 못 하게 해야죠. 해서는 안 되는 행동을 한 학생을 나무라는 교사에게 인권을 침해했다고 지적하는 것은 잘못입니다. 학생의 권리만 강조하고 책임과 의무는 등한시하는 학생인권조례는 폐지해야 합니다.

하나 교권이 추락했다는 데는 모두 동의하는 것 같은데요. 그렇다면 교권을 보호하는 다른 방안을 만들면 되지 않을까요? 교권 추락이 문제라면 '교권조례' 같은 것을 만들어서 교사의 권위도 보호하면 되잖아요.

준혁 학생인권조례가 교권 하락의 주요 원인이 맞다면 모든 교사가 이 조례를 폐지하라고 요구해야 합니다. 하지만 모든 교사가 폐지를 주장하지는 않아요. 다만 일부 선생님들은 교사의 권한을 더 명시하고 교권을 좀 더 강화하는 방향으로 개정하기를 원해요. 또 현행 조례 덕분에 학교가 인권 친화적으로 변하고 있다는 조사 결과도 있어요.

홍 쌤 반대 측 근거를 제시해주시죠.

준혁 네, 서울시교육청이 2015년과 2019년에 실시한 학생 인권 실태 조사 결과에 따르면 서울 초·중·고등학생 중 학교에서 체벌을 한 번이라도 경험한 학생의 비율은 22.7%에서 6.1%로 4년 만에 16.6%p 낮아졌어요.[2] 또한 학생인권조례가 학생들의 인권 보장에 도움이 되는지를 묻는 질문에 '그렇다'라고 응답한 초·중·고등학생 비율이 2015년 64.2%에서 2019년에는 70.7%로 높아졌습니다.[3]

서연 학생인권조례가 교권을 침해하지 않는다면 왜 여러 지방의회에서 줄줄이 폐지 소송을 제기할까요? 과거 법원은 학생인권조례가 헌법이 인정하는 학생의 권리를 구체화했기 때문에 유지해야 한다고 판단했어요. 교육부가 체벌 금지 조항 등 일부 내용이 상위 법령에 위배된다며 대법원에 무효 확인 소송을 제기했지만 패소했습니다. 또 2019년에는 헌법재판소가 보수 시민단체의 위헌 확인 소송에서도 합헌 결정을 내렸습니다.[4] 이처럼 법원이 학생인권조례가 정당한 권리라고 인정했는데도 폐지 소송을 제기하는 지방의회가 늘고 있어요.

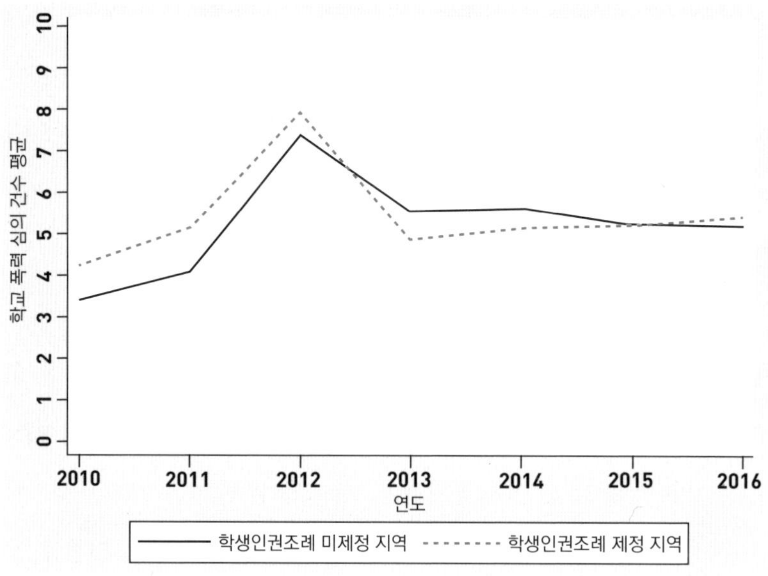

학생인권조례 제정·미제정 지역 전체 학교의 학교 폭력 심의 건수 평균 변화. 출처: 『경향신문』(2023. 12. 25)

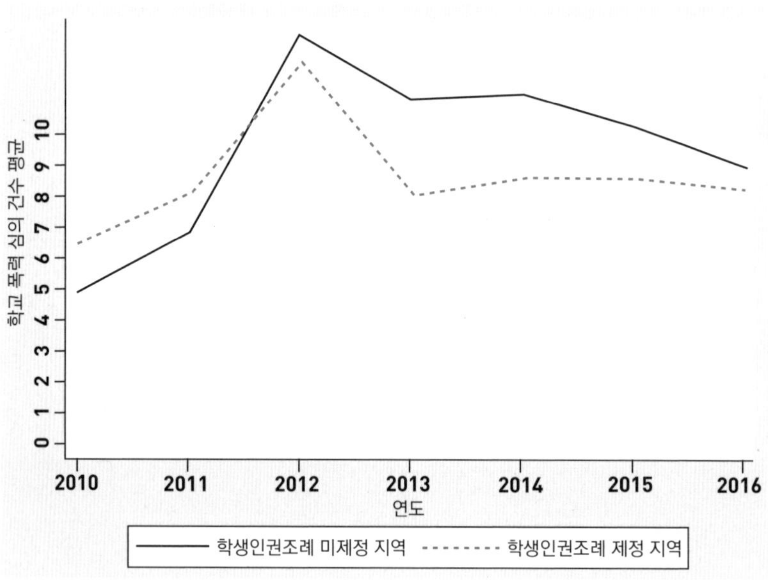

학생인권조례 제정·미제정 지역 75분위 학교의 학교 폭력 심의 건수 평균 변화. 출처: 『경향신문』(2023. 12. 25)

준혁 학생인권조례 시행이 학교 폭력을 유의미하게 감소시킨다는 연구 결과도 있습니다. 학생인권조례가 제정되기 전인 2010년에는 이 조례가 있는 지역의 학교 폭력 심의 건수 평균이 더 높았지만 2012년 이후 점차 감소했고, 2015년에는 학생인권조례가 있는 지역의 학교 폭력 심의 건수가 없는 지역보다 약간 적었어요.

홍 쌤 오, 오늘 주제가 어려웠는데도 모두 열심히 해주었어요. 중요한 점은 학생과 교사 모두의 인권이 똑같이 소중하다는 것이겠죠. 물론 교권 추락의 원인이 학생인권조례에만 있는 것은 아니겠죠. 학교는 학생들에게 '진정한 인권' 개념을 올바르게 가르칠 의무가 있고, 학생들은 교실에서 멋대로 행동하는 것과 인권은 관련이 없음을 알아야겠죠.

◆ 각 주장의 근거를 적으며 나의 생각을 정리해봅시다.

학생인권조례를 폐지해야 하는가?		
	존치	폐지
주장	학생인권조례는 학생 인권을 보호하는 최소한의 방어막이다.	학생인권조례는 교권 하락의 주요 원인이다.
근거		
주장	학생인권조례를 폐지한다고 해서 교권이 회복되지는 않는다. 아동학대법 개정이 더 시급하다.	학생의 권리만 제시하고 책임과 의무는 담지 않은 학생인권조례는 폐지해야 한다.
근거		
주장	학생인권조례를 통해 학교가 인권 친화적으로 변하고 있다.	학생인권조례를 오·남용하는 사례가 많아져서 잘못된 인권 개념을 추종하게 만든다.
근거		
주장	학생인권조례는 헌법과 법률에 근거하여 학생의 인권을 보호하고 구제할 수 있는 장치이다.	학생인권조례는 학생들 지도를 어렵게 만들고 교사의 정당한 활동을 저해한다.
근거		

02

우리들의 일그러진 영웅
(학폭 조치 기록 대학 입시 반영)

학교 폭력을 근절할 정당한 제도인가, 가해 학생에게 주홍 글씨를 새기는 인권 침해인가?

◆ 정부가 학교 폭력 가해 학생의 기록을 대입 때 필수적으로 반영하여 불이익을 주도록 하는 방침을 내놓았습니다. 드라마 「더 글로리」를 통해 학교 폭력 가해자에 대한 처벌 수위가 너무 약하다는 사회적 공감대가 형성되었습니다. 폭력은 아무리 사소한 것이라도 용인해서는 안 됩니다. 특히 학교 안에서는 말이죠. 학교 폭력 근절 대책이 나온 지 벌써 20년이 넘었지만 오히려 발생 건수는 계속 증가하고 있고, 학교 폭력을 이기지 못하고 극단적 선택을 하는 학생들마저 있습니다. 반면 미성년자인 가해 학생에게 반성의 기회를 주지 않고 기록을 남겨 대입에까지 불이익을 주는 것은 주홍 글씨를 새기는 가혹한 처사라는 반론도 제기되고 있습니다. 당신은 어떻게 생각하십니까?

홍 쌤 디베이트 클럽 친구들, 안녕하세요? 얼마 전 드라마 「더 글로리」가 엄청난 인기를 끌었죠. 이 드라마로 학교 폭력의 심각성이 다시 한번 부각되었어요. 오늘은 여러분에게 「우리들의 일그러진 영웅」이라는 단편소설을 소개하고 싶어요. 1987년 이상문학상 대상을 받은 이문열 작가의 작품으로 학교 폭력을 다루었어요.

서연 저도 읽어봤어요. 엄석대라는 아이가 학교에서 왕처럼 군림하며 아이들에게 폭력을 행사했는데 담임 선생님조차 엄석대의 폭력을 눈감아줬기 때문에 누구도 저항하지 못했어요.

하나 담임 선생님도 폭력을 눈감아줬다고요? 어떻게 그럴 수가 있어요?

홍 쌤 맞아요. 그러다가 새로 부임한 선생님이 엄석대의 잘못을 밝혀 벌을 주었어요. 그러자 침묵하던 아이들이 그동안 엄석대가 저지른 나쁜 짓을 모두 말하죠. 결국 엄석대가 학교를 그만두고 아이들은 학교 폭력에서 벗어나게 되었다는 이야기예요. 현재 고등학교 2학년부터 해당하는 2026학년도 대학 입시부터 학교 폭력 가해 이력을 반영해야 한다는 정부 방침이 나왔어요. 오늘은 이 대책이 학교 폭력을 근절할 정당한 제도가 될 수 있을지에 관해 토론해요.

가람 2026학년도 정시 수시 모집부터 적용된다는 거네요?

준혁 저는 학폭 기록 대입 반영에 찬성합니다. 지금까지 학폭을 근절하거나 예방하기 위한 여러 대책이 시행되었지만 학교폭력대책심의위원회(학폭위) 심의 건수는 매년 증가하고 있습니다. 2020년 8,357건, 2021년 1만 5,653건에서 2022년 1학기에만 9,796건을 기록했어요.[5] 코로나19 팬데믹 이전에는 연 2만~3만 건 수준이었는데, 코로나19로 원격 수업이 실시된 2020년에 8,357건으로 줄었다가 대면 수업이 재개되면서 다시 증가했어요. 이 현상은 그동안의 대책이 효과가 낮다는 것을 증명해요. 따라서 학폭을 처벌하는 수위를 높여 경각심을 불러일으켜야 해요. 관련 자료는 다음과 같습니다.

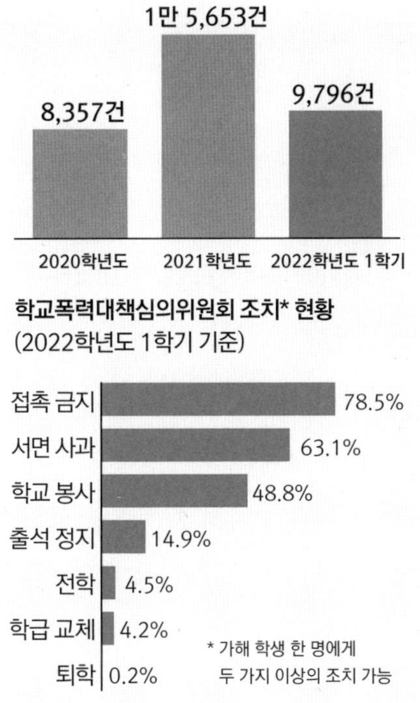

학교 폭력 심의 건수 추이. 출처: 교육부

서연 저는 반대해요. 학교 폭력 조치 기록을 대입에 반영하는 것은 학교 폭력을 근절할 근본 대책이 되지 못하기 때문입니다. 또한 어린 시절 한 번의 잘못에 대해 대학 입시에까지 '가해자'라는 주홍 글씨를 새기는 것은 인권 침해가 될 수 있습니다. 피해자의 인권만큼 가해자의 인권도 중요합니다.

하나 인권 침해요? 누구에 대한 인권 침해요? 피해 학생들을 생각해보세요. 누구에게 말도 못 하고 고통 속에 고민하다가 극단적 선택을 한 불쌍한 아이들을요. 그런데 가해자의 인권을 주장할 수 있나요?

가람 가해자도 피해자도 사람이니까 모두의 인권을 존중해야 한다는 말은 맞는 것 같아요.

준혁 피해자들은 졸업 후에도 심각한 트라우마 때문에 정신장애를 겪거나 사회에 적응하지 못하는 경우가 많습니다. 「더 글로리」에서 봤듯이요. 드라마이기 때문에 과장되었을 수는 있지만 실제로 비슷한 기사가 많이 나오고 있어요.

서연 삶의 모든 문제를 법으로만 처리할 수는 없어요. 미성년자가 잘못을 했다면 그게 왜 잘못인지를 알려주고 반성할 기회를 줘야 합니다. 피해자에게 진심으로 사과하고 반성하도록 교육하는 게 먼저라고 생각해요.

준혁 과연 그럴까요? 학교 폭력 수위가 점점 높아지고 있는데도요? 연일 보도되는 뉴스에 따르면 미숙한 아이들의 잘못이라고 볼 수 없을 정도로 심각해요. 신체적 폭력뿐 아니라 언어 폭력도 증가하고 있습니다. 교육부와 시·도교육청이 매년 온라인과 모바일로 초 4~고 3 학생들의 학교 폭력 실태를 전수조사한 자료를 보세요. 피해 유형별 응답(복수 응답) 비중을 보면 약 10년 전인 2013년 당시 피해 유형 가운데 34%였던 언어 폭력은 계속 33~35%대를 유지했고, 코로나19 팬데믹 이후 대면 수업이 재개된 2021년에는 41.7%, 2022년에는 41.8%로 높아졌습니다. 그 밖에 금품 갈취, 스토킹 등이 있고, 심지어 2022년에는 성폭력이 4.3%를 기록했습니다.[6]

하나 저도 동의해요. 가해 학생에 대한 처벌이 너무 약한 것 같아요. 피해 학생이 학교에 알리면 가해 학생이 더 괴롭힌다는 기사도 봤어요. 이렇게 학교 폭력이 지속적으로 늘고 있는데 어떻게든 강하게 대처해야죠. 안 그래요?

서연 강력 처벌은 근본적 해결책이 아니에요. '엄벌주의'는 가해 학생 측의 법정 소송만 늘어나는 부작용을 낳을 것이라는 지적도 있습니다. 실제로 가해 학생이 행정심판과 행정소송 등 불복 절차를 밟은 건수는 2020년 587건에서 2022년에는 1,133건으로 급증했어요.[7] 처벌을 강화한다고 해서 문제가 해결되지는 않는다는 반증입니다. 나중에는 학교마다 전담 변호사가 있어야 할지도 모릅니다.

준혁 학교 폭력 가해자 처벌을 강화하자는 데 우리나라 국민 열 명 중 아홉 명이 찬성하고 있어요. 이화여자대학교 학교폭력예방연구소에서 19~59세 성인 남녀 1,500명을 대상으로 실시한 '학교 폭력 대응 정책 관련 대국민 설문 조사' 결과 91.2%가 학교 폭력 조치 사항을 대입 정시에 반영하는 데 찬성했습니다.[8] 미성년 학생들의 범죄라고 보기 힘들 정도로 교묘하고 거칠어지는 폭력에 국민 대다수가 분노하고 있다는 뜻이에요.

서연 처벌하지 말자는 뜻이 아니에요. 하지만 학생 시절의 잘못에 대한 기록을 대학 입시에까지 반영하는 것은 무리가 있어요. 잘못은 누구나 할 수 있어요. 학생이 성인에게 저지른 범죄는 처벌하지 않으면서 학교 내에서 일어난 폭력이라고 대입에까지 반영하는 것은 불합리하죠.

하나 신고해도 가해자를 형사처벌하기가 무척 어렵다고 해요. 또 법정 싸움까지 간다고 해도 그 과정에서 피해자는 또다시 고통을 겪어요. 성인이 된 후에도 지워지지 않는 고통이 남는다고요. 그런데도 가해자에게는 너무 관대한 것 같아요. 피해자의 인생을 망쳐버리는 폭력이라면 대입에 반영해야 한다고 생각해요.

서연 형평성에 어긋나는 조치라고 생각해요. 소년법 제32조에 따르면 소년 보호처분은 장래 신상에 어떤 영향도 미치지 못하게 되어 있어요.

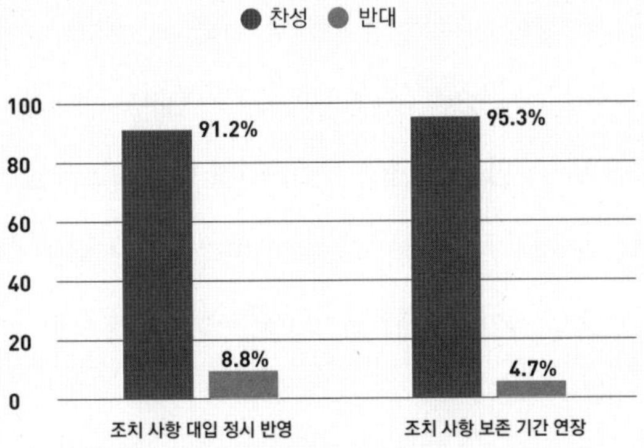

학교 폭력 대응 정책에 관한 대국민 설문 조사. 출처: 데이터솜

학교 폭력 피해에 관한 응답 인원. 출처: 교육부

가람 학교 폭력 근절 대책이 10여 년 전 마련됐다는데 아직도 학폭이 없어지지 않았다는 건 뭔가 문제가 있다는 의미 같아요.

홍 쌤 찬반양론이 팽팽하군요. 마무리 주장하고 토론을 마무리해야겠어요. 각자 주장과 근거를 정리하면 좋겠어요.

준혁 아무리 사소한 폭력이라도 인정하지 말아야 합니다. 특히 집단 학폭은 한 사람의 인생을 송두리째 망가뜨리므로 강력하게 대처해서 근절해야 해요. 피해자를 안전하게 보호할 대책을 마련하고 학폭 기록을 보존해서 대입에 반영해야 한다고 생각합니다.

서연 학폭 기록을 대입에까지 반영하는 정책은 미성년인 학생에게 너무 가혹한 처사라고 생각해요. 잘못을 인정하고 반성하게 해야지 가해자로 낙인 찍어서 대입에 불이익을 주자는 생각은 옳지 않다고 생각합니다.

홍 쌤 "학교는 사회의 축소판이다"라는 말이 있죠. 그런 의미에서 학교 폭력은 우리 사회의 한 단면을 보여줘요. 학교는 작은 사회이고 학생은 앞으로 우리 사회의 시민이 될 테니까요. 「우리들의 일그러진 영웅」에서도 마찬가지예요. 학교라는 울타리 안에서 온갖 폭력과 불합리한 일이 벌어집니다. 거기에 저항할 것이냐 참을 것이냐, 그것이 문제죠. 과연 무엇이 정의인지 생각해보기 바랍니다.

◆ 각 주장의 근거를 쓰면서 나의 생각을 정리해봅시다.

학폭 조치 기록 대입 반영		
	찬성	반대
주장	학교 폭력을 막을 정당한 제도이다.	가해 학생에게 주홍 글씨를 새기는 인권 침해이다.
근거		
주장	가해자들에게 경각심을 줄 정도로 강력한 처벌이 필요하다.	'엄벌주의'를 시행하면 학교를 상대로 한 법정 소송이 증가할 것이다.
근거		
주장	신고해도 형사처벌이 어렵다. 피해자의 2차 피해를 막기 위해서는 사회 진출 시 불이익이 될 정도의 강력한 제재가 필요하다.	교내 폭력에 대한 중징계를 대입에까지 반영하는 것은 불합리하다.(소년법)
근거		

03

‘킬러 문항’ 아래서

사교육 경감을 위해 꼭 필요할까? 최상위권에 대한 변별력을 떨어뜨려 ‘물 수능’이 될까?

◆ 대통령이 교육 당국과 사교육 업체를 ‘이권 카르텔’로 규정하고, 수능에서 킬러 문항을 배제하라고 지시했습니다. 킬러 문항을 배제하면 공교육이 정상화되고 사교육 시장이 줄어들 수 있을까요? 아니면 수능이 변별력을 갖추지 못해 대학에서 상위권 학생들을 선별하지 못하고 형평성에 문제가 생길까요? 당신은 어떻게 생각하십니까?

홍 쌤 디베이트 클럽 친구들, 안녕하세요? ‘킬러 문항’을 풀어본 적이 있는지 모르겠어요. 알다시피 킬러 문항은 무척 어려운 문항이어서 포기하는 학생이 많다고 하죠. 작년에 수능을 앞두고 정부가 킬러 문항을 배제하겠다고 발표했어요. 수능이 얼마 남지 않았는데 그런 발표를 하는 것이 적절하느냐는 논란도 있었죠. 학교 교과과정 수준을 넘어서는 문항을 꼭 출제해야 할까요? 가람이는 어떻게 생각해요?

가람 수능 볼 때 기분이 어떨까요? 정말 떨릴 것 같아요. 킬러 문항 본 적이 있는데 너무 어려워서 하나도 모르겠더라고요. 그런 문제를 꼭 내야 하는지 모르겠어요.

하나 맞아요. 학교에서 가르치지도 않고 배우지도 않는 내용을 왜 수능에 출제해요? 학원 가서 배우라는 말밖에 안 되잖아요?

서연 수능이 얼마 남지 않았을 때 대통령이 직접 킬러 문항을 없애라고 해서 논란이 되었지만, 저는 킬러 문항을 없애야 한다고 생각해요.

홍 쌤 대통령의 지시 이후 한 신문사가 온라인 설문 조사를 했어요.[9] 선택지는 다음 두 가지였어요. 여러분은 어디에 투표하겠어요?

> 첫째, 킬러 문항을 배제하는 것은 바람직하다. 학생들이 공교육 안에서 입시를 준비할 수 있도록 해야 한다.
> 둘째, 킬러 문항을 배제하는 것은 바람직하지 않다. 킬러 문항의 기준이 모호하고, 어려운 문제가 없으면 시험의 변별력이 낮아질 수 있다.

준혁 킬러 문항을 없애자는 주장에는 많은 사람이 동의할 수도 있어요. 하지만 수능을 쉽게 출제하면 변별력이 없어지잖아요. 변별력이 없어지면 대학이 상위권 학생들을 선발하기 어려워질 것이고요. 수능 시험은 변별력이 정확해야 한다고 생각해요. 변별력은 형평성에 관한 문제니까요.

서연 공교육 교과과정을 벗어난 킬러 문항 출제는 공부하고자 하는 학생들의 의지를 짓밟아요. 어차피 풀 수 없으니 포기하겠다는 학생이 대부분이고요. 킬러 문항에 대비했다고 해서 그 문제를 맞힐 수 있다는 보장도 없고, 시간 낭비하느니 차라리 다른 공부하는 게 낫죠.

하나 킬러 문항은 틀리라고 내는 문제잖아요? 실제로 관계자들에 따르면 킬러 문항은 대학에서나 배울 정도로 어렵고요. 그런 문제를 왜 내는지 모르겠어요.

가람 맞아요. 변별력을 갖추기 위해서 킬러 문항을 출제한다는 주장은 변명 같아요. 사실 떨어뜨리려고 내는 문제 아니에요?

준혁 킬러 문항에 매달리는 수험생은 생각만큼 많지 않아요. 그냥 포기하는 거예요. 그 문제는 포기하고 다른 문제를 풀면 2등급은 될 수 있으니까 그걸 목표로 하는 학생이 훨씬 많아요.

서연 킬러 문항 맞힌 학생이 대학교 공부를 훨씬 잘할까요? 이 문항은 그저 상위권 대학이 공부 잘하는 아이들 뽑는 용도에 지나지 않아요.

하나 저도 동의해요. 킬러 문항이 있어야만 변별력 있다고 할 수는 없어요.

가람 정부에서 킬러 문항을 없애려 하는 이유는 사교육 시장을 의식했기 때문 아닐까요? 학교에서는 잠자고 학원 가서 공부하는 아이들이 많으니까요.

준혁 킬러 문항만 없앤다고 우리나라 사교육 시장이 무너지진 않아요. 괜히 수능이 쉬워져서 변별력만 없어져요. 그게 현실이에요. 문제는 킬러 문항을 없애고 나면 어떻게 변별력을 유지할 것이냐죠. 그러려면 수능의 평균 난이도를 높이기 위해 '준킬러 문항'을 늘릴 것이고, 학생들이 문제 푸는 시간이 길어질 수밖에 없어요.

하나 변별력 있는 문제들을 내려면 킬러 문항이 꼭 있어야 하나요? 왜 그렇게 해야 하는지 이해할 수 없어요.

서연 변별력을 높이자고 대학생도 풀기 어렵다는 킬러 문항을 넣어서 상위권 학생들을 밤낮 학원으로 몰아넣는 것이 대한민국 교육이란 말인가요? 이건 단지 수능의 문제가 아니라 잘못된 방향으로 가고 있는 우리나라 교육의 문제예요.

가람 지금의 수능이 사교육에 더 치중하게 만든 것은 맞아요. 학원 다니지 않으면서 공부하는 아이는 없잖아요. 학원이든 인터넷 강의든 학교 공부만으로는 안 되니까요.

하나 그런데 킬러 문항은 언제부터 생겼나요?

준혁 킬러 문항은 반복되는 이슈였어요. 관련 기사에 따르면 전문가들도 킬러 문항 등장 시기를 잘 몰라서 5년, 10년, 심지어 15년 전이라고 답변했어요. 2018학년도 수능부터 영어 영역이 절대평가로 바뀌면서 수학과 영어 영역에서 최상위권 변별력을 높여야 했기 때문에 킬러 문항 난이도가 점점 높아졌다고 합니다.[10]

서연 지금 관건은 킬러 문항을 통한 변별력 유지인데요. 이주호 현 부총리 겸 교육부 장관은 '킬러 문항을 배제하면 변별력이 떨어진다'라는 지적에 '그것은 사교육의 논리'라고 반박했습니다. 킬러 문항을 배제해도 얼마든지 교육과정 안에서 난이도를 조정해서 변별력을 갖추어야 한다는 뜻입니다.[11]

가람 2022학년도부터 문·이과 통합 수능이 실시되면서 표준 점수도 공개하지 않고 있는데요. 교육부가 2023년 6월 26일 킬러 문항 예시로 26개 문제를 공개했어요. 26개의 평균 정답률은 EBS 기준 19.8%라고 해요.[12]

하나 오지선다니까 찍어도 정답률이 20%인데, 그렇다면 찍는 쪽이 낫네요?

서연 맞아요. 킬러 문항은 극상위권 학생들을 변별하기 위한 문항일 뿐이에요.

홍 쌤 여러분, 오늘 토론 잘 들었어요. 학생 입장에서는 킬러 문항이 없어지는 게 좋겠지만, 어떤 주제에 대한 찬성과 반대이든 각각의 근거를 찾아낼 줄 알아야겠어요. 교육과정에서 벗어난 데다 지나치게 어렵게 꼬인 문제를 풀 수 있는 학생은 대부분 높은 사교육비를 낼 수 있는 학생이라는 점 때문에 국가를 상대로 손해배상 청구 소송도 제기되었죠. 앞으로 정부가 입시 정책을 보다 일관적으로 추진해서 수험생들을 혼란에 빠뜨리는 일은 사라져야겠어요.

전문가 의견

킬러 문항의 폐해에 대해 실증적 근거를 제시한 전문가도 있다. 임종성 전 서울시립대학교 영어학 교수는 이번에 교육부가 제시한 영어 킬러 문항 중 두 개의 지문 출처를 찾아 『시사저널』에 제공했다. 그중 하나인 '2024학년도 6월 모의평가 34번'의 지문은 사우스이스턴노르웨이대학교의 다니엘 루빈스타인 교수가 쓴 책 『How Photography Changed Philosophy』(2023)다. 임종성 전 교수는 '이 책은 사진과 철학 분야 스칼라(scholar, 학자)를 위한 것'이라며 '고교생이 이런 책에서도 극히 일부 문단만 보고 내용을 이해한다는 건 불가능하다'라고 강조했다. 그는 아예 수능 폐지론을 꺼내들었다. 그는 '1994년 시행 이후 주입식 교육과 문제 풀이 기술로 점철된 수능은 그 역할을 다했다'라며, '이제 자기 생각을 표현하는 논술을 강화하는 쪽으로 입시 제도를 바꿔야 한다'라고 주장했다.

출처: 『시사저널』(http://www.sisajournal.com)[13]

04

상대평가냐 절대평가냐, 그것이 문제로다

-『수레바퀴 아래서』(헤르만 헤세)-

현 상대평가는 과도한 대입 경쟁과 사교육을 야기하는 왜곡된 제도인가?

◆ 상대평가냐 절대평가냐. 고교 내신 평가 방식을 둘러싼 논쟁이 계속되고 있습니다. 입시 제도가 자주 변경되어 수험생과 학부모들은 매우 불안합니다. 교육부 장관이 2022년 말 언론 인터뷰에서 '고교 학점제에서 가장 중요한 점은 9등급제를 없애는 것'이라며 절대평가로 전환할 것을 시사했습니다. 얼마 전 열린 2028년 대학 입시 제도 개편을 위한 대국민 공청회에서 대학수학능력시험 선택과목 삭제와 고교 내신 5등급제 전환 등을 골자로 한 2028년 대입 제도 개편안이 발표되었습니다. 그러나 개편안이 고교 학점제를 도입한 취지와 맞지 않는다며 찬반 격론이 심해지고 있습니다. 고교 내신과 수능의 절대평가 전환, 당신은 어떻게 생각하십니까?

홍 쌤 여러분은 요즘 하루에 몇 시간씩 자나요? 선생님이 학생이던 때는 '4당 5락'이란 말이 있었는데 들어봤어요? 네 시간 자면 붙고 다섯 시간 자면 떨어진다는 뜻이에요. 우리나라 입시 제도에 대한 논란은 정말 끊이지 않죠. 교육부가 상대평가와 5등급이 주요 내용인 2028학년도 대학 입시 제도 개편 시안을 발표했지요. '상대평가냐 절대평가냐, 그것이 문제로다!' 오늘 디베이트의 주제입니다.

하나 우리나라 입시 제도는 너무 자주 바뀌는 것 같아요. 2025년부터 고교 학점제가 도입되고 절대평가로 전환될 거라고 했는데 이제 상대평가를 유지하겠다는 거잖아요.

홍 쌤 여러분도 알다시피 절대평가가 상대평가보다 유리하다고만 볼 수는 없어요. 각각 장점과 단점이 있으니까요. 예전에는 학생 수가 너무 많아서 대학이 점수를 중요하게 봤기 때문에 상대평가가 더 좋았어요. 하지만 이제 학생 수가 줄어들고 줄 세우기식의 상대평가보다 절대평가가 더 합리적이라는 인식이 생겼어요.

준혁 저는 이번 교육부 개편안을 지지합니다. 현재 우리나라의 공교육 체계는 내신 완전 절대평가를 시행하기에 적합하지 않기 때문이에요. 어느 방식을 택하든 완벽할 수는 없습니다. 2005년 도입된 내신 석차 9등급제를 교육부가 내신 5등급제로 완화한 이유는 내신 경쟁에 대한 학생들의 부담을 줄여주기 위해서입니다. 내신 절대평가를 도입하지 않는 대신 절충안을 택한 거죠.

서연 정부는 이미 고교 학점제 도입을 확정했고, 고교 학점제하에서는 상대평가가 적합하지 않다는 것을 알고 있기 때문에 2022년 말 교육부 장관도 '고교 학점제에서 가장 중요한 점은 9등급제를 없애는 것'이라고 했습니다. 고교 학점제는 학생들이 원하는 과목을 자유롭게 선택하도록 하는 제도예요. 그런데 상대평가를 하면 자신이 공부하고 싶은 과목이 아니라 점수를 잘 받을 수 있는 과목을 선택할 것이기 때문이죠.

하나 맞아요. 점수 잘 받을 수 있는 과목으로만 학생들이 몰릴 텐데, 그러면 왜 고교 학점제를 시행할까요? 또 여러 과목 중 대입이나 수능과 직접 연관된 과목에 학생들이 몰릴 것이 뻔하지 않나요?

준혁 절대평가만 하면 모든 문제가 해결될까요? 그렇지 않아요. 과열 경쟁으로 학생들의 고통이 크다는 지적이 많이 나왔기 때문에 1996년에 상대평가에서 절대평가로 전환되었습니다. 그런데 많은 학교가 시험문제를 쉽게 출제해 재학생들의 내신 점수를 올려주는 '성적 부풀리기'가 심각한 문제가 되었어요. 이렇게 되자 대학은 내신 점수를 믿을 수 없어서 수능 점수를 더 중요하게 여겼습니다. 당연히 사교육도 줄어들지 않았고요. 그래서 결국 2004년에 상대평가제로 돌아간 것입니다.[14]

가람 내신에서 절대평가가 시행되면 선생님들도 문제를 어렵게 출제하기 힘들 것 같아요. 학생들 점수가 낮아지면 내신에 불리하니까 학부모들도 비난할 것이고, 굳이 학생들을 불리하게 하고 싶지는 않을 것 같아요.

준혁 맞아요. 고등학교 선생님들 중 일부도 절대평가의 단점 때문에 상대평가 방식을 지지합니다. 이번 공청회 기사에 따르면 한 교사는 '현재 학교 현장에서는 학교생활기록부의 '칭찬 인플레' 현상이 매우 심각하다'라며 '내신 5등급 체제와 절대평가 병기는 내신에 대한 불신을 해결할 것'이라는 입장을 밝혔습니다.[15]

서연 내신 5등급제로 상대평가제의 단점을 완화했다지만, 상대평가로 한 줄 세우기가 유지되면 학교 수업은 단순 암기와 문제 풀이 위주가 될 것입니다. 이것이 고교 학점제의 취지인가요? 그렇지 않습니다. 고교 학점제하에서 상대평가가 시행되면 과목별로 점수에 유리한 과목과 불리한 과목으로 나뉩니다.[16] 공부하기 위해서가 아니라 점수 받기 유리한 과목을 선택하는 것이 학생들에게 과연 무슨 도움이 되겠습니까!

하나 상대평가제는 학생 수가 적을수록 절대적으로 불리한 제도잖아요. 학생 수가 적은 학교의 학생들의 내신이 불리할 수밖에 없어요. 공청회 관련 기사에 따르면 교육정책디자인연구소 정미라 부소장은 '지난해 전교생 100명 이하 소규모 학교가 전체 초·중·고교의

18.7%에 달한다'라고 말했어요. 학생 수가 적으면 1등급 수도 적어지는데 이 학교를 누가 가려고 하겠어요?

준혁 절대평가제의 가장 큰 단점은 동점자가 많으면 변별력이 떨어진다는 것입니다. 모든 고등학교의 시험문제 난이도가 다르기 때문에 내신에 더 유리한 학교와 불리한 학교로 나뉘겠죠. 공청회에서 한 대학 관계자는 수능과 내신을 완전 절대평가제로 바꾸면 입시 변별력을 확보하기가 매우 어렵다고 말했습니다.[17] 교육부는 2028년 대입 제도 개편의 중심에는 '공정성'이 있다고 강조했는데, 절대평가제로는 성적을 공정하게 평가하기 어렵다는 뜻이죠.

가람 저도 동의합니다. 절대평가제로 성적이 부풀려진다면 대학들은 내신을 믿지 않을 것이고 새롭게 대학별 시험을 치르려고 할 수 있어요. 이런 시험은 수능보다 훨씬 어렵겠죠. 그러면 사교육 시장은 더욱 활성화할 것이고요. 사교육비는 치솟고 학생들은 더욱 힘들어질 거예요. 악순환이 계속될 수 있어요.

서연 내신 절대평가제는 특목고와 자사고가 폐지되어야 가능합니다. 그런데 정부는 2024년 초 초·중등교육법 시행령 일부 개정안을 의결해 전 정부에서 추진한 자사고와 외고, 국제고의 일반고 전환을 백지화했습니다.[18] 특목고와 자사고를 그대로 두면서 상대평가제까지 시행하겠다는 것은 입시 경쟁을 더 부추기겠다는 정부의 의지를 보여줄 뿐입니다.

준혁 오히려 절대평가제가 사교육 증가를 초래할 수 있습니다. 대학들은 변별력을 높이기 위해 논술이나 면접 등 대학별 고사를 강화할 것입니다. 그럼 이에 대비하는 사교육이 더욱 활성화할 것입니다.

서연 국민의 절반 이상이 절대평가를 선호하고 있습니다. 사교육걱정없는세상(사걱세)이 여론 조사 전문 기관 리얼미터에 의뢰한 인식 조사에 따르면 고교 내신 절대평가 전환에 55.4%가 동의했습니다. 특히 고교생 이하의 자녀를 둔 학부모 열 명 중 여섯 명이 고교 내신 절대평가 전환에 찬성했습니다.[19]

하나 마찬가지로 수능도 절대평가로 전환해야 한다는 여론이 우세합니다. '고교 학점제 취지에 맞게 수능도 절대평가로 전환해야 한다'라는 의견에 56.2%가 '찬성한다'('매우 찬성' 26.5%, '찬성하는 편' 29.7%)라고 답했고, 32.3%가 '반대한다'('반대하는 편' 17.5%, '매우 반대' 14.8%)라고 답했습니다.[20]

서연 시험 점수 1, 2점 차이가 1, 2등급 차이로 벌어지고 0.1점이라도 놓치지 않기 위해 지나치게 경쟁해야 하는 우리나라 학생의 부담을 덜기 위해서는 내신과 수능을 절대평가제로 전환해야 합니다. 상대평가 방식의 내신에서는 변별력 때문에 시험문제를 어렵게 낼 수밖에 없습니다. 사교육을 줄이겠다고 말만 하지 말고 공교육의 질을 높여야 합니다.

홍 쌤 상대평가냐 절대평가냐에 대한 여러분의 열띤 토론 잘 들었어요. 우리 교육이 입시 위주로 치우치다 보니 수업 시간에 발표나 토의, 토론하며 서로 배우고 협력할 시간이 없어요. 정말 안타까운 일이죠. 여러분에게 헤르만 헤세의 『수레바퀴 아래서』를 소개하고 싶어요. 헤세의 자전적 소설로 알려진 작품이에요. 주인공인 한스 기벤라트라는 소년은 권위적이고 강압적인 신학교에 적응하지 못하고 학업을 그만두죠. 당시 신학교는 엘리트들이 가는 학교였고, 매우 엄격하고 획일적이고 군대식으로 교육을 했어요. 내성적이고 여려서 엄격한 규율과 주입식 교육을 힘들어하는 한스는 천재적이지만 기질이 반항적인 헤르만 하일너와 친해지지요. 교장 선생님은 한스에게 "아무튼 지치지 않도록 해야 하네. 그렇지 않으면 수레바퀴 아래 깔릴지도 모르니까"라고 말하지요. '수레바퀴'란 권위적이고 강압적인 학교교육제도와 획일적인 사회 등 한스를 둘러싼 굴레를 뜻해요. '아래서'라는 말은 그 굴레를 벗어나지 못하는 한스의 삶을 의미하고요.

당시 엄격하고 획일적인 독일 교육은 인간의 개성을 말살하고 황폐하게 만든다는 비판을 많이 받았어요. 우리나라의 입시 위주 교육과 비교해볼 수 있겠죠. 학생 개인의 개성과 창의성을 살려주기 어려운 교육제도, 성적 위주의 교육제도는 명문대에만 들어가면 된다는 잘못된 생각을 심어주고요. 또 입시 제도가 자주 바뀌어서 학부모와 학생들을 혼란스럽게 만드는 것도 매우 안타깝습니다. 상대평가와 절대평가의 장단점을 잘 따져보고 학생들의 혼란을 최소화할 수 있었으면 합니다.

05

"나, 촉법소년이라고!" 외치는 아이들

강력 범죄를 저지르는 촉법소년들, 나이가 어리다는 이유만으로 면죄부를 줘야 할까?

◆ 촉법소년이란 범죄를 저지른 만 10세 이상 14세 미만의 소년을 뜻합니다. 이들은 형사 책임 능력이 없기 때문에 범죄행위를 해도 형사처벌을 받지 않고 사회봉사나 소년원 송치 등의 보호처분을 받습니다. 이들의 범죄가 갈수록 늘고 수법도 잔인해져서 촉법소년의 연령을 낮추자는 문제 제기가 이어지고 있습니다. 2022년 법무부가 관련 법안을 주도적으로 추진했고 그전에 국회에서도 여러 건의 관련 법안이 발의되었지만 결국 21대 국회에서 본회의에 상정하지도 못하고 해를 넘겼습니다. 죄의식도 없이 강력 범죄를 저지르는 촉법소년들, 어리다는 이유로 법의 심판대에 세우지 말아야 할까요? 당신은 어떻게 생각하십니까?

홍 쌤 디베이트 클럽 친구들, 안녕하세요? 여러분도 촉법소년에 대해 알고 있죠? 오늘은 촉법소년 연령 하향에 관해 토론해보죠. 경찰청과 법원 통계에 따르면 최근 5년간 촉법소년의 범죄가 해마다 증가했고, 13세가 전체 촉법소년의 72.7%를 차지하고 있어요. 그래서 촉법소년의 연령을 만 14세 미만에서 만 13세 미만으로 낮추려는 것인데요. 먼저 형법과 소년법, 촉법소년이 무엇인지 알아보고 시작할까요? 법에 관심이 많은 준혁이부터 시작해주세요.

준혁 우리나라는 미성년자가 범죄행위를 하면 형법과 소년법을 기준으로 판단하는데요. 형법은 범죄와 형벌에 관한 법률 체계예요. 어떤 행위를 처벌하는지, 어떤 종류의 처벌을 어느 정도로 적용하는지를 규정한 것입니다. 형법에서는 만 14세 미만은 형사 미성년자로서 형사 책임 능력이 없다고 보기 때문에 처벌하지 않아요. 대신 소년법에 따라 보호처분을 내려요. 만 10세 미만은 범죄를 저질러도 처벌할 수 없어요. 만 10세 이상 만 14세 미만인 촉법소년은 보호처분만 가능하고, 만 14세 이상 만 19세 미만은 범죄소년으로, 형사처벌과 보호처분 모두 가능합니다.

홍 쌤 아주 잘 설명해주었어요. 현재 촉법소년 기준이 만 14세 미만이니까 만 13세까지 해당하죠. 만 13세면 생일이 지나지 않은 중학교 1학년이에요. 기준을 만 13세 미만으로 낮추면 만 12세까지 해당하니 초등학교 6학년이겠죠. 범죄를 저질렀다면 나이에 관계없이

	보호처분*	형사처벌
만 10세 미만	X	X
만 10세 이상~만 14세 미만 (촉법소년)	O	X
만 14세 이상~만 19세 미만 (범죄소년)	O	O

* 보호처분: 사회봉사, 보호관찰, 소년원 송치 등

미성년 범죄자 분류 및 처벌 가능 범위. 출처: 대법원 법원통계월보

처벌해야 마땅할까요? 아니면 강력 범죄를 저질렀더라도 촉법소년들은 너무 어리기 때문에 처벌하는 것은 너무 가혹할까요? 여러분 의견을 들려주세요.

서연 저는 촉법소년의 연령을 만 13세 미만으로 낮추는 것에 반대합니다. 형법에서 만 14세 미만을 형사 미성년자로 정하고 보호처분하는 이유는 아직 너무 어리고 미성숙하기 때문입니다. 요즘 초등학교 6학년생이나 중학교 1학년생 일부는 성인보다 체격이 좋은 경우도 많죠. 하지만 체격이 성인과 비슷하다고 해서 정신적으로 성숙한 것은 아니에요. 촉법소년은 처벌 대상이 아니라 훈육하고 교화해야 하는 대상입니다.

가람 그래도 초 6이나 중 1 정도면 폭력이 나쁘다는 것 정도는 알 나이 아닌가요? 초등학교 저학년도 아니고. 오히려 파출소에 가서

경찰관에게 발길질하고 욕하면서 "나 촉법소년이라고!" 외치는 아이들에 대한 기사를 봤어요.[21] 자신이 촉법소년이니 처벌 못 한다는 사실을 악용한 거죠.

준혁 맞아요. 법무부에서 적극적으로 촉법소년 나이를 낮추려는 이유는 촉법소년이라는 위치를 악용해 반복해서 강력 범죄를 저지르고도 죄의식조차 없는 아이들이 증가하기 때문입니다. 『중앙일보』 기사에 따르면 2022년 3월 경기도 수원의 한 초등학교 6학년 학생들이 5학년 학생을 사흘 동안 집단 폭행했습니다. 피해 학생은 왼쪽 무릎 골절, 외상 후 스트레스 장애와 이명을 앓게 됐어요.[22] 가해 학생들은 이것이 정말 나쁜 행동임을 몰랐을까요? 이 학생들은 모두 촉법소년이어서 형사처분을 받지 않았습니다.

서연 나쁜 행동을 했지만 여전히 그 아이들은 미성년자입니다. 엄벌에 처해야 잘못을 깨닫고 뉘우칠까요? 중요한 것은 무거운 벌을 내리는 것이 아니라 성인이 되기 전에 잘못을 충분히 뉘우쳐서 다시 범죄를 저지르지 않게 만드는 것입니다. 기준 연령을 낮추는 조치는 소년범죄 예방과 재범 방지에 효과가 없다는 점을 하나가 이야기하겠습니다.

하나 강력 범죄를 저지른 소년을 성인을 기준으로 처벌하더라도 재범률을 낮추는 데는 효과가 없다는 증거로 미국의 '형사 이송 제도'

를 들 수 있습니다. 1990년대 미국은 청소년 비행과 범죄에 강경하게 대응하며 형사 이송 제도를 강화했습니다. 이 제도는 19세 미만이라도 강력 범죄를 저질렀거나 재범할 위험이 크면 소년 법원이 아니라 형사 법원으로 이송해서 성인과 같은 기준으로 처벌하는 것입니다. 1979년 미국의 14개 주에서만 시행되던 이 제도가 1995년에는 21개 주로, 2003년에는 31개 주로 확대되었습니다. 결과적으로 이 제도는 실패했습니다. 형사 이송된 청소년들의 재범률이 더 높아졌고, 처벌 이후 재범까지 걸린 시간도 짧아졌습니다.[23]

준혁 촉법소년 범죄는 증가 추세입니다. 통계청 자료에 따르면 만 10~18세 소년은 2017년 453만 명에서 2021년 408만 명으로 줄었습니다. 그런데 같은 기간 동안 법원에 접수된 촉법소년 범죄는 58% 증가했습니다. 2022년 1~10월에 접수된 촉법소년 범죄 건수는 1만 3,536건으로 2021년 한 해 전체 건수인 1만 2,502건을 넘었습니다.[24] 인터넷이 발달하면서 영화, 드라마, 유튜브 등을 통해 폭력 및 범죄 영상과 정보에 쉽게 접근할 수 있으니 청소년 모방 범죄도 증가하고 있고 죄질 또한 가볍지 않습니다.

가람 촉법소년 기준 연령을 낮춰야 한다는 여론이 높습니다. 미디어리얼리서치코리아가 2022년 6월 성인 남녀 3,506명을 대상으로 한 여론 조사에서 기준 연령 하향에 찬성한 비율이 80.2%였고 반대는 5.4%에 불과했습니다. 또한 기준 연령을 하향했을 때의 범죄율 감소 효과에 대한 조사에서 감소할 것이라는 의견이 77.5%로, 변화하지 않을 것이라는 의견 17.5%보다 월등히 높았습니다.

하나 범죄율 감소 효과에 대한 조사는 그저 추측에 불과합니다. 앞서 미국의 형사 이송 제도에서 봤듯이 성인과 같은 수준으로 엄벌에 처한다고 해서 재범률이 낮아지지 않는다는 것이 증거입니다.

서연 사람은 누구나 잘못할 수 있습니다. 범죄를 저지른 청소년들의 범죄가 전부 그 아이들의 책임일까요? 그렇지 않습니다. 결손가정에서 사랑과 보호를 받지 못하고 자랐거나 경제적 형편이 어려웠거나 가정 폭력에 노출되는 등 다양한 부정적 환경이 미친 영향도 큽니다. 촉법소년 기준 연령 하향에 대한 대표적 반대론자인 국가인권위원회 비상임위원 김수정 변호사는 '소년에 관한 사법 정책은 여론에 좌우되는 것이 아니라 일관된 교육과 보호로 아동을 키워내는 정신을 구현해야 한다'라고 말했습니다.[25]

준혁 왜 가해 청소년만 보호해줘야 하죠? 그러니까 우리나라 형법이 '가해자에게 관대하고 피해자에게 냉정한 법'이라는 비판을 피할 수 없어요. 경찰청 자료에 따르면 소년 강력 범죄 비율은 2005년 2.3%에서 2020년 4.86%로 증가했고, 2021년에 강도, 강간, 추행, 절도, 폭력 등으로 검찰에 송치된 촉법소년은 1만 1,677명에 달했어요.[26] 이들에게서 씻을 수 없는 신체적·정신적 피해를 당한 피해자의 인생은 어떻게 되겠어요?

서연 가해 청소년만 보호하자는 것이 아니라, 단순히 연령을 낮추는 것은 근본적 대책이 될 수 없다는 말입니다. 이들이 재범하지 않고 살아갈 수 있게 가정환경이나 정신 질환 치료 등을 사회적으로 지원하지 않고 연령만 낮춘다면 소년범죄를 근본적으로 막을 수 없을 것입니다.

준혁 현재 형사 미성년자 기준 연령은 1953년 형법이 제정된 이후 71년째, 촉법소년 기준 연령은 1958년 소년법이 제정된 이후 66년간 유지되고 있어요. 청소년들의 신체적 성장이 빨라졌고 사회적 환경도 매우 달라졌어요. 성년 기준 연령은 만 19세로, 피선거권·선거권 연령은 만 18세로 낮춰졌는데 형사 미성년자와 촉법소년 기준 연령만 그대로 두자고 고집하는 것은 비합리적입니다.

서연 소년범죄의 발생 및 재범에 대한 책임은 가정과 사회, 국가에도 있어요. 국가인권위원회 김수정 변호사는 재범을 막지 못한 것은 소년 형사 사법 정책이 실패한 결과로 봐야 한다고 말했습니다. 보호처분을 다양화하고 치료나 복지시설을 지원하지 않은 채로 처벌만 강화하는 것은 근본적 해결 방안이 아니라는 뜻입니다.[27]

홍 쌤 오! 어느 때보다도 열띤 토론이었어요. 촉법소년 연령 하향은 정말 결정하기 어려운 문제입니다. 아이들이 저질렀다고 믿기지 않는 범죄를 보면 만 13세로 낮춰야 한다는 생각이 들고, 처벌받기에는 너무 어린 아이들 아닌가 생각하면 낮출 수가 없을 듯하고요. 중요한 것은 이 아이들을 처벌하는 것이 아니라, 범죄의 심각성을 깨닫고 뉘우쳐서 다시 범죄를 저지르지 않도록 하는 것이겠지요. 한 살 낮춤으로써 발생할 수 있는 문제를 사회적으로나 법률적으로 충분히 검토하고 합의해야 하겠어요.

PART

3

사회 이슈를 통한 디베이트

01

흉악범을 사형해야 할까요?

묻지 마 범죄에 대한 처벌을 강화하기 위해 사형 제도를 부활시켜야 하는가?

◆ 얼마 전 서울 신림역과 분당 서현역에서 칼부림 사건이 일어나 우리 사회에 큰 충격을 주었습니다. 일부 국민들은 강력 범죄에 분노하며 사형제 부활을 요구하기도 했습니다. 인간이기를 포기한 자를 사형으로 다스려야 할까요? 세계적으로 사형제를 폐지하는 추세이고 국제 관계를 고려하면 무조건 사형제를 부활시킬 수 없기 때문에 가석방 없는 종신형을 대안으로 삼아야 할까요? 당신은 어떻게 생각하십니까?

홍 쌤 여러분, 한 주간 잘 지냈나요? 뉴스에서 봤겠지만 정말 안타깝고 충격적인 일이 일어났지요. 대낮에 그것도 지하철역에서 무차별 칼부림 사건이 벌어졌어요. 이 때문에 사형제 부활에 대한 여론이 일고 있어요. 사형 제도를 부활시켜야 할까요? 여러분은 어떻게 생각해요?

준혁 저는 흉악 범죄에 대한 처벌을 강화하고 사형을 집행해야 한다고 생각합니다. 원한 관계로 인한 범죄보다 무서운 것이 '묻지 마 범죄'입니다. 공공장소에서 남녀노소 가리지 않고 무차별적으로 흉기를 휘두르는 이런 흉악범은 사형해야 합니다. 우리나라는 1997년 12월 30일, 23명의 사형수에 대한 집행을 마지막으로 현재까지 26년간 집행을 정지한 '실질적 사형 폐지 국가'입니다. 그러나 법률상으로는 사형 제도가 존재하고 2022년 말 기준으로 60명의 사형수가 있습니다. 이제는 사형 제도를 부활시켜야 합니다.

하나 맞아요. 신림역 칼부림 사건으로 무고하게 사망한 22세 청년의 사촌 형이 범인을 사형해야 한다며 국민 청원을 올렸잖아요. 피해자 가족의 심정은 어떻겠어요?

서연 저는 반대합니다. 사형제는 인간의 존엄과 가치의 근거인 생명권을 침해합니다. 범죄자의 생명도 존엄하고, 인간에게는 다른 인간의 생명을 빼앗을 권리가 없기 때문입니다. 우리나라 헌법 제37조 제2항도 기본권의 본질적 내용을 침해할 수 없다고 규정하고 있으므로 사형제는 위헌입니다.[1]

가람 이번처럼 불특정 다수를 향한 분노를 표출한 흉악범에게는 다르게 대처해도 되지 않을까요? 신문 기사를 보니 별다른 범행 동기가 없고 범행 후 뉘우치거나 후회하는 모습도 보이지 않던데요.

서연 만약 실제로는 범죄를 저지르지 않았는데 누명을 쓴 사람에게 사형이 집행되었다고 가정해보세요. 어떻게 할 거죠? 판사도 사람이기 때문에 잘못 판결할 위험성은 충분히 있어요. 그래서 사형을 선고했더라도 바로 집행하지 않고 기간을 두어야 해요. 사형은 일단 시행되면 오류를 시정할 수 없기 때문입니다. 그리고 사람은 누구나 잘못할 수 있는 존재입니다. 그래서 범죄자 처벌은 그냥 벌을 주는 것이 아니라 그 사람이 잘못을 뉘우치고 교화되는 것을 목적으로 해야 합니다.

준혁 과연 그런 범죄자들이 교도소에서 몇 년 복역하면 교화될까요? 사람을 죽인 흉악범들이 겨우 10여 년 살다 나와서 또다시 범죄를 저지른 경우도 많습니다. 사형제에 관한 여론 조사 결과를 살펴보겠습니다. 쿠키뉴스가 여론 조사 전문 기관 한길리서치에 의뢰해 전국의 만 18세 이상 남녀 1,005명을 대상으로 사형 집행에 대한 찬반을 물은 결과에 따르면 찬성이 68.1%로 압도적이었습니다. 반대는 26.7%에 그쳤습니다.[2] 우리나라는 사실상 사형제 폐지 국가로 분류되고 있지만 국민 다수는 사형 집행이 필요하다고 판단하고 있습니다. 성별, 연령, 지역, 지지 정당, 정치 성향 등에 따라 분류한 모든 항목에서 사형 집행 찬성이 반대보다 우세했다는 점도 주목해야 합니다.

홍 쌤 여론 조사에 관한 자료를 제시해주세요.

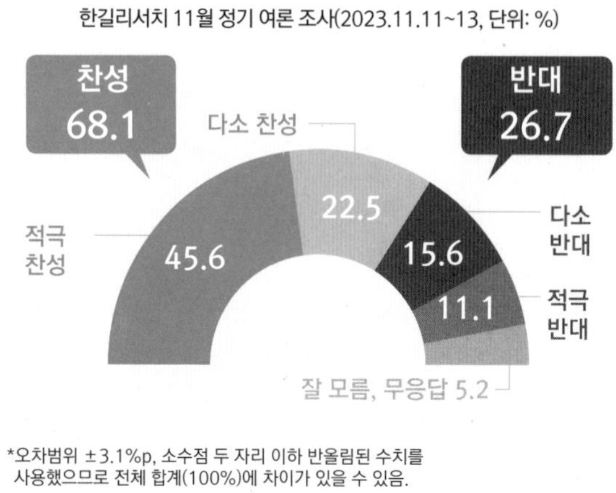

사형 집행에 대한 국민 여론 조사
출처: 쿠키뉴스(2023. 11. 15)

서연 국민 다수가 원한다고 해서 무조건 제도를 실행할 수 있는 것은 아닙니다. 여론이 강해도 나라에서 쉽게 실행하지 못하는 이유는 국제 관계 때문입니다. 사형 제도를 운영하는 국가는 점점 줄어드는 추세입니다. 국제앰네스티의 '2022년 전 세계 사형 현황'에 따르면 2022년 말 기준 모든 범죄에 대한 사형제를 폐지한 국가는 2021년 108개국에서 112개국으로 증가했고, 일반 범죄에 대해서만 사형제를 폐지한 국가는 9개국이었습니다.[3] 완전 사형 폐지국과 실질적 사형 폐지국을 합하면 사형제 유지국보다 훨씬 많습니다. 사형제 존폐 현황에 대한 다음 자료를 제시합니다.

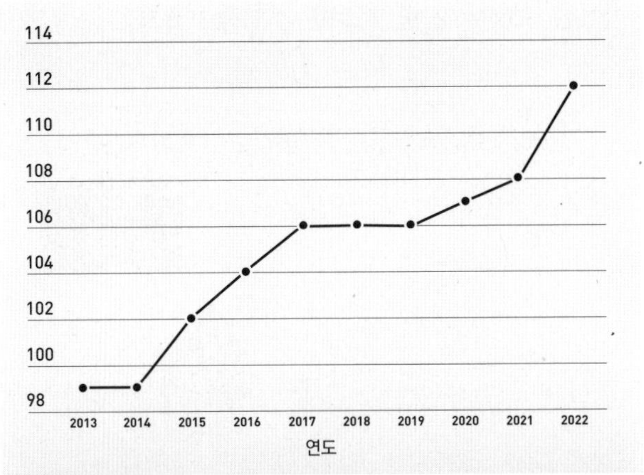

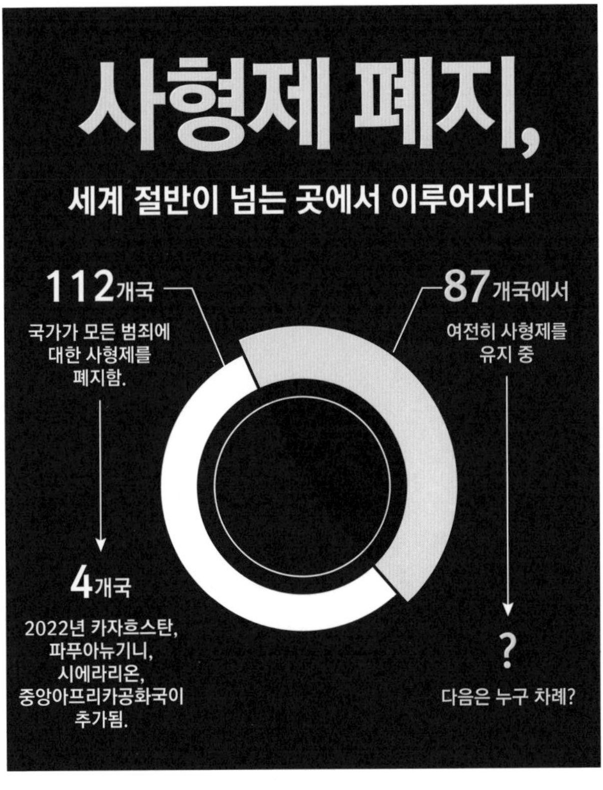

모든 범죄에 대한 사형제 폐지국
출처: 국제앰네스티 '2022년 전 세계 사형 현황'

하나 우리 국민들이 원하는데도 국제 여론이 그렇게 중요한가요? 조 바이든 현 미국 대통령도 대선 때는 연방 차원의 사형제 종식 법안을 통과시키겠다고 했지만 미국은 아직도 사형 집행국이잖아요. 국제앰네스티 눈치만 보지 말고 우리 국민들 생각도 존중해야 해요.

서연 사형을 선고했더라도 집행은 또 다른 문제예요. 유럽연합(EU)은 사형제 집행 국가와는 각종 협약을 맺지 않아요. 한국은 유럽연합과 자유무역협정(FTA)을 맺고 있는데 사형을 집행하면 어떻게 될까요? 관련 기사에 따르면 '사형제 존치'를 지지하는 입장인 한동훈 전 법무부 장관도 '사형제는 외교 문제에서도 굉장히 강력한 이슈'라며 '사형을 집행하면 유럽연합과의 외교 관계가 심각하게 단절될 수 있다'라고 말했어요.[4] 결국 사형제를 부활시키기 어려우니 대안을 찾아야 한다는 것이죠.

가람 사형을 집행하면 정말 범죄율이 떨어지는지 궁금한데요.

준혁 사형제 유지가 범죄 예방에 효과가 있는지에 관해 전문가들조차 의견이 갈리는 것이 사실입니다. 천정환 동서대학교 경찰행정학과 교수는 '사형제는 잠재적 범죄인이나 수형자에게는 일반 예방 효과가 있다'라고 했습니다. 물론 천 교수는 '사형제를 유지하되 정치범이나 증거의 증명력에 다툼이 있는 범죄인을 제외한 극소수 범죄인에게

만 집행해야 할 것'이라고 말했어요.[5] 무고한 사람이 희생되는 것을 막아야 하니까요. 실제로 싱가포르는 마약범에 대해 사형제를 실시했고 마약 청정국이 되었다고 합니다.

서연 사형제의 범죄 예방 효과는 미미하다고 나타났습니다. 승재현 한국형사정책연구원 연구위원은 사형 제도가 범죄를 억제하는 효과는 크지 않다면서 대안을 마련하고 폐지할 것을 주장했습니다. 승 연구위원에 따르면 사형제를 존속하는 가장 큰 이유는 재범 방지, 즉 '위하 효과'를 위해서인데 실제로는 효과가 크지 않다고 합니다.[6]
유엔(UN)도 지난 1988년, 2002년 두 차례에 걸쳐 사형제와 살인율의 관계를 조사한 결과 사형제가 종신형 등 다른 형벌보다 살인을 억제하는 효과가 크다는 증거를 발견하지 못했다고 밝혔습니다.[7]

하나 현재 사형 집행의 대안으로 고려되는 것이 '가석방 없는 종신형'이에요. 그런데 종신형을 받더라도 가석방으로 출소하는 경우가 있잖아요. 형법 제72조에 따르면 무기징역 수형자는 20년간 복역하면 교화 정도와 재범 가능성 등에 따라 가석방될 가능성이 생겨요. 신림역이나 서현역에서 범행한 흉악범들이 현재 20대잖아요. 20년 살고 가석방되어 나와도 40대예요. 그런 사람이 20년 복역했다고 해서 충분히 교화될 거라고 보세요?

서연 그건 우리가 장담할 수 없는 문제예요. 이런 극악무도한 흉악범들은 거의 정신 질환을 앓고 있어요. 보통 사람이라면 이런 묻지마 칼부림을 할 수 없어요. 일부는 사이코패스일 수도 있고. 공통적으로 사회에 대한 심각한 분노가 있는 사람들인 건 확실하잖아요. 치료받아야 하는 사람들인 거예요.

가람 가석방 없는 종신형을 받더라도 무슨 변수가 생겨서 중간에 나오게 될지 몰라요. 그런 흉악범을 교도소에서 국민 세금으로 평생 먹여 살리는 것은….

준혁 저는 이런 무자비한 범죄에는 반드시 사형이 필요하다고 생각해요. 그래야 사회를 안정시키고, 흉악한 범죄는 절대로 용인되지 않는다는 강력한 의지를 보여줘서 강력 범죄를 예방할 수 있어요.

홍 쌤 여러분의 열띤 토론 정말 재미있게 들었어요. 토론을 위해 여러 기사를 읽으면서 몰랐던 사실도 많이 알게 되었을 거예요. 오늘 토론의 쟁점을 정리하면서 다시 한번 생각을 가다듬고 주장하는 글을 쓰기 위한 개요도 작성해보기 바랍니다. 다음 시간이 벌써 기다려지네요.

◆ 각 주장의 근거를 쓰면서 나의 생각을 정리해봅시다.

사형 제도를 부활시켜야 하는가?		
	사형제 존치	사형제 폐지
주장	사형제는 범죄 예방과 범죄율 감소에 효과가 있다.	사형제는 범죄 예방과 범죄율 감소에 효과가 없다.
근거		
주장	사형제는 국민 다수의 정서를 반영하여 사회정의를 구현한다.	사형제는 범죄자의 인권을 침해한다.
근거		
주장	국가는 외교적 관계도 고려해야 한다.	국가는 사회문제에 대한 국민 여론을 정책에 반영해야 한다.
근거		

02

장애인은 지하철에서 시위해도 되나요?

-『가방 들어주는 아이』(고정욱)-

장애인 이동권 보장을 위한 정당한 시위인가, 시민의 불편을 담보로 한 불법 시위인가?

◆ 전국장애인차별철폐연대(전장연)가 장애인의 이동권 보장을 요구하며 출퇴근 시간에 버스와 지하철 관련 시위를 계속하고 있습니다. 정부는 불법 시위에 강력하게 대응하겠다며 물러서지 않고 있습니다. 양측이 강경하게 맞서는 가운데 피해는 시민들의 몫이 되었습니다. 대화가 불가능한 이 상황을 어떻게 해결할 수 있을까요? 출퇴근 시간의 지하철 시위가 장애인 이동권 보장을 위한 정당한 선택이 될 수 있을까요? 목적이 올바르다 해도 다른 사람에게 피해를 끼치면서 그 목적을 관철하려고 하는 행위는 잘못된 것일까요? 당신은 어떻게 생각하십니까?

홍 쌤 디베이트 클럽 친구들, 안녕하세요? 『가방 들어주는 아이』란 책 읽은 적 있나요? 초등학교 2학년 석우는 목발을 짚고 다니는 영택이의 책가방을 매일 들어줘요. 같은 반 친구들은 남의 가방 들어주는 바보라고 놀리지만, 석우는 영택이를 모른 체할 수 없었어요. 3학년이 되어 반이 바뀌었고, 석우는 영택이 집 앞에서 고민하다가 그냥 지나쳐버리죠. 하필 그날 전교생 앞에서 모범 어린이상을 받게 된 석우는 죄책감에 울음을 터뜨려요.

하나 선생님, 저도 초등학생 때 그 동화책 읽었어요. 지은이 고정욱 작가님도 어릴 때 소아마비를 앓아서 걷지 못하게 되었대요.

가람 『가방 들어주는 아이』는 초등 필독 도서 중 하나였기 때문에 저도 읽었어요. 저 같으면 석우처럼 매일 가방을 들어주지는 못했을 것 같아요. 친구들이 놀리면 더욱 그렇고요.

홍 쌤 이제 다리가 불편한 분들은 전동 휠체어를 타고 다니죠. 목발을 짚는 것보다는 편하겠지만, 휠체어를 타고 대중교통을 이용한다는 것이 얼마나 불편하고 힘든 일인지 우리는 잘 모를 거예요. 2021년 12월부터 전장연이 출근 시간대에 서울 지하철 4호선 삼각지역, 5호선 왕십리역 등에서 수십 차례 시위를 벌였어요.

준혁 서울시는 이 불법행위에 강력하게 대응할 것이라고 했어요.

시위 참가자들은 장애인의 이동권을 보장하라고 주장하고 있는데 지하철이나 버스를 제시간에 타지 못해 시민들의 불만이 엄청나요.

홍 쌤 맞아요. 정부도 불법 시위라며 강력히 대처하겠다고 예고했고 시민들도 불만이 많지요. 이런 상황에서 왜 장애인 단체는 계속 시위하는 걸까요? 오늘은 장애인 단체가 출퇴근 시간에 벌이고 있는 지하철 시위가 장애인 이동권 보장을 위한 정당한 선택이 될 수 있을지, 아니면 시민의 불편을 담보로 한 불법 시위로 봐야 할지 토론해보겠습니다.

하나 장애인 이동권 보장 문제에 관심 없는 사람도 많잖아요. 사회의 관심을 이끌어내려고 하는 것 같아요.

준혁 출근길 지하철 시위가 장기화되고 있고 시민들이 많은 피해를 입는 만큼 이런 불법 시위는 중단해야 한다고 생각해요. 자신들의 요구를 관철하기 위해 무고한 시민들의 불편을 아랑곳하지 않는 무책임한 행동입니다. 이 행동을 처벌해달라는 국민 청원도 제기되었고요.

서연 이들이 시위하는 원인을 생각해보세요. 이동권은 장애인들에게는 '생존권'입니다. 지하철이나 버스 등 대중교통으로 장애인들이 이동하는 것은 정말 힘들고 불편해요. 2001년 오이도역에서 일어난 장애인 리프트 참사 사건이 단적인 예입니다. 1999~2020년 서울 내 지하철역에서 발생한 리프트 사고는 모두 17건이며 그중 네 건은 사망 사고입니다.[8]

준혁 서울시에 따르면 교통 약자가 도움받지 않고 지하철을 탈 수 있는 역의 비율이 2022년 2월 기준 93.6%에 달했습니다. 또 국토교통부는 교통 약자 이동 편의 증진법 개정안을 2023년 1월부터 시행해 저상 버스 도입을 의무화했어요. 전국의 모든 시내버스 및 농어촌 버스, 마을버스가 대상이고, 2021년 30.6%였던 저상 버스 도입률을 2026년에는 62%까지 높이겠다는 계획이에요.

서연 정부가 그렇게 발표했죠. 그게 정확히 무슨 뜻인지 알고 있어요? 기존 시내버스를 대차, 폐차하고 새 차를 도입할 때 반드시 저상 버스를 구입해야 한다는 뜻이에요. 즉, 기존 버스가 보통 9~11년 정도 사용된다고 하니 전국 대부분의 시내버스가 저상 버스로 바뀌려면 약 10년은 걸린다는 뜻입니다.

가람 너무 오래 걸리는 것 같기는 하지만, 그렇다고 당장 서울 시내와 전국의 버스를 폐차하고 저상 버스로 바꾸는 것은 무리 같은데요?

서연 정부는 교통 약자를 위한 정책을 책임지고 시행할 의지를 보여주지 않았습니다. 2004년 서울시는 모든 지하철 역사에 엘리베이터를 설치하겠다고 약속했지만 2021년 12월 기준 서울 지하철 역사 284곳 중 22곳에 엘리베이터가 없습니다. 장애인 단체가 출근 시간에 지하철역에서 시위하는 이유는 많은 사람에게 알릴 수 있는 최적의 장소이기 때문에 그런 것이고요.

준혁 형법 제186조에는 기차, 전차, 자동차, 선박 또는 항공기의 교통을 방해한 자는 1년 이상의 유기징역에 처한다고 명시되어 있습니다.[9] 의도가 아무리 좋다고 해도 불법 시위는 어떤 경우에도 용납할 수 없습니다.

서연 휠체어를 한 번도 타본 적이 없는 우리는 그 어려움과 불편함을 충분히 공감할 수 없다고 봐요. 비록 방법이 잘못되었다 해도 출퇴근 시간 지하철 시위는 장애인 이동권을 보장받기 위한 정당한 선택이 될 수 있다고 생각해요.

준혁 오세훈 서울 시장은 '장애인들이 약자인 것은 맞지만 전장연이 사회적 약자라고 생각하지 않는다'[10]라고 말했어요. 그 말에 동의해요. 또 오세훈 시장은 지하철 운행을 지연시키는 행동으로 손실을 보는 시민들이 오히려 약자라고 했는데 어떻게 생각하세요?

하나 서울 시장의 발언은 말이 안 되는 거 같아요. 교통 약자가 진정한 사회적 약자이지 왜 서울 시민이 약자죠? 약자를 배려하려는 마음이 있다면 그런 말을 할 수 없겠죠.

서연 오세훈 서울 시장은 '런던과 뉴욕의 지하철은 70% 정도가 장애인이 엘리베이터를 타고 접근하기 어렵다고 하는데, 그에 비해 우린 5% 정도다. 서울시 지하철의 수준은 국제적 기준에 비춰 결코 낮지 않다'[11]라고 했는데 과연 그런지 의심스럽네요.

준혁 최근 『뉴욕 타임스』 기사[12]에 따르면 '뉴욕 시민 중 약 7%가 보행 장애가 있지만 뉴욕시 전철역 472개 중 현재 미국 장애인법에 따라 다양한 장애를 가진 승객을 수용할 수 있고 계단을 오르지 않아도 이용할 수 있는 역은 27%뿐'이에요. 뉴욕에서도 이 문제와 관련하여 두 건의 집단 소송이 제기되었어요. 이후 뉴욕시는 '2055년까지 뉴욕시 전철역의 95%에 엘리베이터와 경사로를 추가하겠다'라고 약속하고 67개 역을 공사 우선순위 지역으로 정했어요. 하지만 지금까지 업그레이드가 끝난 전철역은 단 두 곳에 불과하다고 해요. 뉴욕은 우리나라보다 훨씬 오래 걸릴 거예요. 하지만 뉴욕에서 장애인들이 지하철 시위를 하진 않잖아요.

하나 전장연의 불법 시위를 다른 장애인 단체가 비판한 점도 생각해봐야 해요. '지하철 운행 정상화를 위한 장애인 연대' 회원들이 '지하철 운행 방해는 전체 장애인에 대한 혐오감만 키울 뿐'이라고 지적했어요.

서연 물론 전장연이 모든 장애인을 대표하는 단체는 아니죠. 하지만 장애인에게 이동권은 생명과도 같은 중요한 권리예요. 우리는 그들의 절실한 외침에 귀 기울여야 해요. 불편하다고 짜증 내기 전에 그들의 입장을 깊이 생각해봤으면 합니다.

홍 쌤 자, 이제 양측 입장을 정리하고 마무리할게요. 서울시와 전장연이 서로에 대한 비난과 고소를 멈추지 않는 상황에서 우리는 어떤 해결책을 찾을 수 있을까요? 목적이 정당하다고 해서 불법적 방법을 사용해도 되는지, 예산이 부족하다는 이유로 장애인의 생존권인 이동권을 보장하는 데 소홀해도 되는지에 관한 주장과 근거를 정리해 보기 바랍니다. 오늘도 열심히 토론해주어 고마워요.

03

저출산·고령화 시대, 결혼과 출산은 개인의 자유일까요?

결혼과 출산은 개인의 자유인가, 인구 절벽 시대에 국가 생존에 대한 위협인가?

◆ 한국의 합계 출산율이 세계 최저를 기록했습니다. 이대로 가다가는 인구 소멸 국가 1호가 될지도 모른다고 합니다. MZ 세대가 결혼과 출산을 필수로 여기지 않는다는 사실은 이들을 대상으로 한 설문 조사에서도 드러났습니다. 여성들은 왜 아이를 낳고 싶어 하지 않을까요? MZ 세대 가임 여성들이 출산과 양육을 본인 행복의 걸림돌로 여기기 때문일까요? 경제적 부담 때문에 아이를 낳지 않고 인생을 즐기며 살겠다는 그들이 이기주의적일까요? 아이를 낳고 싶지 않은 나라를 만든 정치인들의 잘못일까요? 출산율을 끌어올리기 위해 정부는 각종 현금 지급성 정책을 내놓고 있습니다. 이런 정책이 과연 출산율을 높일 수 있을까요? 당신은 어떻게 생각하십니까?

홍 쌤 여러분, 우리나라가 세계적으로 초저출산 국가인 거 알고 있죠? 2023년 8월, 미국 캘리포니아주립대학교 법대의 조앤 윌리엄스 명예교수가 한국의 합계 출산율을 듣고 "대한민국 완전히 망했네요, 와!" 하면서 머리를 부여잡은 '짤'이 엑스(옛 트위터)에서 하루 만에 조회 수 43만 회를 넘었죠.[13] 합계 출산율이란 가임기 여성이 평생 동안 낳는 자녀의 수를 말해요. 2022년 우리나라의 합계 출산율이 0.78명으로 역대 최저를 기록했어요. 이는 경제협력개발기구(OECD) 38개국 중에서도 최저고요.

서연 인구학자인 데이비드 콜먼 옥스퍼드대학교 명예교수도 '이대로라면 한국은 2750년에 소멸할 위험이 있다'라면서 한국이 인구 소멸 국가 1호가 될 것이라고 예측했다는 기사를 봤어요.

홍 쌤 맞아요. 우리보다 오히려 해외 석학들이 한국의 초저출산을 위기로 받아들이는 듯해요. 청소년인 여러분은 저출산이 왜 그렇게 위험한지 아직 감이 오지 않을 수 있어요. 1970년대 초 태어난 사람들을 베이비붐 세대라고 부르는데, 이때 연간 100만 명 정도가 태어났어요. 2001년에는 약 55만 명이 태어났는데, 한 해에 50만 명 넘게 태어난 시기는 이때가 마지막이었다고 해요.

가람 30년 만에 아기들 수가 딱 절반으로 줄었네요?

하나 그야 1970년대 초는 우리나라가 지금처럼 잘살던 시대가 아니었고, 지금은 경제가 빠르게 발전하고 사람들 의식 수준이 바뀌어서 그런 것 아닐까요? 선진국 사람들이 아이를 더 적게 낳잖아요.

홍 쌤 우리나라는 이미 저출산·고령화 사회로 진입했어요. 의료기술이 발달해서 100세 시대가 되었고, MZ 세대라고 불리는 가임 여성들이 결혼과 출산을 필수라고 생각하지 않는 분위기가 형성되었어요. 남성들도 마찬가지고요. 여기에는 결혼, 출산, 가족 형태 등의 여러 문제가 뒤섞여 있다고 볼 수 있어요. 그래서 오늘은 결혼과 출산은 개인의 자유인가에 관해 토론하려고 해요.

서연 결혼과 출산은 온전히 개인의 선택 문제라고 생각해요. 인구가 줄고 있다고 해서 여성에게 결혼과 출산을 강요할 수는 없습니다. 아무리 남성이 가사를 분담해도 아이를 낳고 키우는 과정에서 더 많은 역할을 하는 쪽은 여성입니다. 특히 출산으로 인한 여성의 경력 단절 문제가 심각합니다.

하나 맞아요. 안정된 일자리 부족과 집값 상승, 엄청난 교육비 등 때문에 젊은이들이 결혼하고 출산할 필요성을 못 느끼는 거죠. 한마디로 살 만한 사회가 아님을 보여주는 거라고요. 정치인들이 잘못해 놓고 왜 아이를 안 낳느냐고 말하면 안 되죠.

준혁 물론 결혼과 출산은 개인의 의사와 결정에 따른 일이에요. 하지만 이대로 가다가 대한민국이라는 나라가 없어진다면 어떻게 될까요? 나라가 존재하지 않는데 개인의 자유가 보장될까요? 2022년에는 고등학교 3학년 학생 수 40만 명이 붕괴했어요. 이게 무슨 뜻이냐면 현 대학교 정원보다 무려 11만 명이 부족하다는 겁니다. 인구 감소로 학령 인구도 줄고 있어요.

가람 그러면 대학 입시 경쟁률도 낮아지겠네요? 좋은 일 아니에요?

서연 '결혼과 출산이 필수적인가'에 대한 남성과 여성의 인식 차이가 크다는 점에 주목해야 합니다. 2022년 12월 학술지 『사회복지연구』에 게재된 「청년층의 삶의 질과 사회의 질에 대한 인식이 결혼과 출산에 대한 태도에 미치는 영향」에 따르면 20~30대 미혼 여성 중 4%만이 결혼과 출산이 '필수'라고 응답했어요. 남성은 12.9%가 '결혼은 필수'라고 응답했고요. 만 20~34세 미혼 남녀 281명을 대상으로 연구한 결과예요. '결혼과 출산이 중요하다'라고 응답한 여성은 42.9%, 남성은 61.3%로 성별에 따라 차이가 컸어요.[14] 여성들이 이렇게 생각하는 이유를 분석하지 않고서 인구가 줄고 있다며 무조건 출산을 장려하는 것은 억지 부리는 일입니다.

여성의 출산과 결혼에 대한 인식 조사. 출처: 『사회복지연구』

준혁 결혼과 출산은 개인이 선택할 일이지만, 개인은 동시에 국가와 사회의 구성원이기도 합니다. 따라서 공동체를 유지하기 위해 서로 노력해야 한다고 생각해요. 2023년 4분기 합계 출산율은 역대 최저인 0.6명대를 기록했고요. 이대로 가면 노인 인구가 2072년에 40.7% 수준으로 증가해서 경제활동 인구 한 명이 자신과 부양 인구 한 명까지 총 두 명을 먹여 살려야 합니다.[15] 우리나라 잠재 성장률은 0%대로 추락할 것이란 경고도 나오고 있고요.

가람 그래서 정부도 출산 지원 정책을 최우선 국정 과제로 밝히고 합계 출산율 1.0을 목표로 각종 대책을 내놓고 있어요. '애 낳고 기르기 좋은 사회'를 만들기 위해 청년들의 일자리와 취업, 주거와 양육 문제까지 지원하겠다고 밝혔어요.[16]

서연 막대한 지원 정책에도 불구하고 계속 하락하는 출산율은 정부 정책이 근본적으로 잘못되었음을 보여주는 증거예요. 한국리서치가 조사한 2023년 자녀·육아 인식 조사에 따르면 자녀가 없어도 되는 이유 중 1위는 경제적 부담(64%)이었고 2위는 아이가 행복하게 살기 힘든 사회(61%)였어요.[17] 자녀 양육비가 저출산의 직접적 원인임을 보여주는 사례입니다.

하나 우리나라에서 아이 한 명을 키우는 데 돈이 얼마나 들까요? NH투자증권은 1인당 월평균 사교육비를 기준으로 대학 입학 전까지 예상되는 1인당 사교육비를 7,142만 원으로 추정했어요. 여기에는 대학 학비와 초등학교 입학 전 양육비는 포함되지도 않았습니다.[18]

준혁 천문학적 집값과 사교육비 때문에 아이를 못 낳겠다면서 오마카세에 열광하는 MZ 세대의 소비 행태가 사회관계망 서비스(SNS)에 과시하기 위한 허영심 때문이라는 지적이 많아요. '욜로(YOLO, 한 번뿐인 인생 이 순간을 즐기자)족', '딩크(DINK, 아이 없는 맞벌이 부부)족'이 증가하는 것은 젊은 세대의 결혼과 출산 기피가 유행처럼 되어버린 현상을 보여줍니다.

서연 저출산고령화위원회가 출범한 때가 2003년으로 벌써 20년이 지났습니다. 정부는 지난 15년간 '출산율'을 높이기 위해 280조 원이란 막대한 예산을 쏟아부었지만 효과가 전혀 없었어요.[19] 청년 세대의 경제적 자립을 지원하고, 가정을 꾸리고 싶게 만드는 실질적 도움이 되는 대책을 만들지 못하고 단기적으로 돈을 지급하는 정책만 남발했기 때문이에요. 결과적으로 세금만 낭비한 꼴입니다.

홍 쌤 저출산 문제는 우리나라만의 문제는 아니에요. 프랑스, 스웨덴, 독일 같은 선진국들도 저출산 문제가 심각했는데 보육과 양육은 국가가 책임진다는 생각으로 입양을 장려하고 유치원을 국가가 운영하고 천문학적인 자금을 투입해서 저출산을 극복했어요. 또 저출산의 원인으로는 여러 문제가 있기 때문에 어느 한 가지에만 집중하면 안 되겠지요. 중요한 것은 인구 감소로 국가가 위기에 처할 수 있다는 위기의식을 함께 가지고 국가와 국민 모두 노력하는 자세예요.

04

초등생도 의대 광풍, 그런데 의사가 없다고요?

-「꺼삐딴 리」(전광용)-

'쏠림 현상'이 심화될 것인가, '낙수 효과'로 의료 서비스의 질을 개선할 수 있을 것인가?

◆ 국내 의사 수가 OECD 회원국 중 사실상 꼴찌라고 합니다. 한편 의료 시설과 의사는 서울을 포함한 수도권에 집중되어 있습니다. 얼핏 의사 수가 부족해 보이지는 않지만 대학병원에는 환자가 넘쳐나고, 입원하려면 몇 달을 기다려야 하기도 합니다. 성형외과와 피부과 등에는 전문의가 되려는 전공의가 정원 이상으로 지원하지만 외과, 산부인과, 소아청소년과 등은 미달이라고 합니다. 저출산·고령화 사회로 진입하면서 의료 수요가 증가할 것이므로 의사 수를 더 늘려야 할까요? 의대 정원을 늘려서 지역별 격차를 해소하고 의료 서비스의 질을 개선할 수 있을까요? 당신은 어떻게 생각하십니까?

홍 쌤 디베이트 클럽에 오신 여러분, 환영해요! 빠지지 않고 자료 조사도 열심히 해 오는 우리 친구들, 칭찬하고 싶어요. 오늘은 요즘 이슈가 된 의대 광풍과 의대 정원 확대에 대해 토론하려고 해요. 서울 한 지역의 초등학교에서 의대 입시반이 성행하고 있고 이런 열풍이 지방까지 확대되고 있다는 뉴스를 봤어요. 이제 의대 열풍을 넘어 '의대 광풍'이라는 말까지 유행하고 있죠.

하나 저도 뉴스 봤어요. 초등학교 저학년 아이들이 수학 올림피아드에 출제되는 상위 3% 문제를 푼대요. 정말 놀랐어요.

가람 공대에도 의대 가려고 휴학하는 학생이 많대요. 저는 공대 가고 싶은데, 왜 공대에 입학하고 나서 의대 가려고 하는지 이해할 수가 없어요. 너도나도 의대 가려고 해서 '의대 블랙홀'이란 말까지 생겼잖아요. 그렇게 의사가 되고 싶은가?

홍 쌤 '의대 광풍'이니 '의대 블랙홀'이니 하는 유행어까지 생길 정도로 우리 사회의 이슈가 되었네요. 그런데 우리나라 의사 수가 부족하다는 사실 알고 있나요? OECD 회원국 중 우리나라 의사 수가 꼴찌 수준이라고 하죠. 그래서 오늘은 의대 정원 확대가 과연 꼭 필요한지 토론해볼까요? 의대 정원을 늘려서 부족한 의료 인력을 확충하고 지역별 의료 격차를 해소해서 전반적 의료 서비스의 질을 개선할 수 있을지, 아니면 이른바 '쏠림 현상'이 더욱 심해져 무분별한 공급 과잉만 불러와서 의료 체계를 위협할지에 관해 토론해볼까요?

준혁 저는 의대 정원 확대에 찬성합니다. 'OECD 보건 통계 2023(Health Statistics 2023)'의 주요 분야와 지표의 세부 내용을 분석해 보건복지부가 발표한 내용에 따르면 한의사를 포함한 우리나라 임상 의사 수는 인구 1,000명당 2.6명으로 OECD 국가 중 두 번째로 적습니다.[20] 멕시코가 2.5명으로 가장 적고 미국이 2.7명, 일본이 2.6명입니다. OECD 회원국 평균은 3.7명입니다.

서연 단순히 의사 수만 보고 판단할 문제가 아닙니다. 인구가 줄고 있기 때문이죠. 앞서 저출산 문제에 관한 토론에서도 언급되었듯이 우리나라는 합계 출산율이 0.78명으로 세계 최저예요. 현재 의대 정원이 3,058명이니까 매년 의사가 약 3,000명씩 증가하고 있죠. 인구가 줄고 있기 때문에 국민 1인당 의사 수는 줄어들게 됩니다. 정원을 늘리면 결국 의사 공급 과잉이 발생할 것입니다.

준혁 국민 1인당 의사 수보다 중요한 문제가 있습니다. OECD 2022년 한국 경제 보고서에 따르면 한국은 고령화 사회에 대비한 의료 시스템이 미비해요. 저출산·고령화 시대로 국민들이 병원을 찾을 일이 많아지는데 우리나라는 1차 의료를 담당하는 일반의가 많이 부족하다는 것이 문제입니다. OECD는 이런 현상이 더 심각해질 거라고 경고했습니다. 신규 일반의는 계속 감소하고 있고, 전문의를 더 신뢰하는 한국인의 성향과 과도한 입원 진료가 많은 것도 문제라고 지적했습니다. 따라서 의대 정원을 늘려 실력 있는 일반의를 충원해야 합니다.

> 1차 병원(의원, 보건소): 병상(환자가 입원할 수 있는 침대)이 30개 미만인 의원이나 보건소처럼 단일 과목을 진료하는 곳
> 2차 병원(병원, 종합병원): 입원 환자를 위한 30개 이상의 병상과 일곱 개 이상의 진료 과목을 보유한 종합병원
> 3차 병원(상급 종합병원): 의과대학 부속병원(대학병원, 500개 이상 병상)과 그에 준하는 전문 병원, 상급 종합병원(700개 이상 병상). 최소 아홉 개 이상의 진료 과목과 각 과에 3년 차 이상의 레지던트가 있어야 함.
>
> 출처: 또하나의가족(https://ddoga.co.kr/guide/60e3bc91b158c13471972962)

하나 의사 중에서도 가장 돈을 많이 버는 쪽은 성형외과나 피부과 의사라고 하잖아요. 의대 정원 늘려봐야 이런 '돈 되는 과'로 많이 가지 않을까요? 나라에서 강제로 '돈 안 되는 과'로 배정해주는 것도 아니고요.

가람 하지만 이미 피부과와 성형외과가 엄청 많으니까 앞으로 의사가 많아지면 다른 과로도 가지 않을까요?

서연 기존 전문의들도 자신의 전공을 포기하고 다른 과로 가고

있는데 그런 효과는 기대하기 어렵다고 봐요. 실제로 소아청소년과는 상황이 심각합니다. 대한소아청소년과의사회에 따르면 저출산으로 인한 수익 악화와 낮은 수가, 악성 민원과 소송 때문에 폐업이 줄을 잇고 있다고 합니다. 보건복지부에 따르면 최근 5년간 소아청소년과 병·의원 617곳이 개업했고 662곳이 폐업했어요. 2023년 1분기 말 기준 전국 의원 수는 코로나19가 유행하기 직전인 2019년 4분기 3만 2,491개 대비 8.4% 늘었지만 소아청소년과만은 2,227개에서 2,147개로 3.6% 줄었습니다.[21]

준혁 현재 지역별 의료 격차가 매우 큽니다. 이를 지역별 '쏠림 현상'이라고 하는데요. 시도별 인구 1,000명당 의사 수가 2022년 기준 전국 2.61명인데 서울 4.82명, 세종시 2.01명, 경북 2.16명입니다.[22] 또한 보건복지부의 '치료 가능 사망률 현황' 자료에 따르면 2021년 기준 인천의 인구 10만 명당 치료 가능 사망자는 51.49명으로 전국에서 가장 높습니다. '치료 가능 사망률'이란 의료 지식과 기술을 토대로 효과적으로 치료했다면 발생하지 않았을 수 있는 조기 사망을 말합니다. 치료 가능 사망률이 가장 낮은 곳은 서울로 38.56명이며, 대전 39.21명, 제주 41.10명, 경기 42.27명, 세종 42.43명순이었습니다. 아직도 지역별 의료 격차가 매우 심하다는 의미입니다.

서연 의사가 많아진다면 지역별 쏠림 현상이 해소될까요? 오히려 더 심각해질 것입니다. 의대를 졸업했다고 지방에 가서 의무적으로 일해야 하는 건 아니잖아요? 인구도 줄고 있고 서울과 경기도에 집중되어 있는데 의사 수가 늘어난다고 지역별 격차가 해소되는 것은 아닙니다.

준혁 여론은 의대 증원을 압도적으로 지지하고 있습니다. 보건의료노조가 2023년 12월 발표한 국민 여론 조사에서는 응답자의 89.3%가 의대 정원 확대에 찬성했습니다.[23] 또 국민들이 가장 불편해한 것은 진료 대기 시간이 길다는 점이었습니다. 한 시간 이상을 기다려서 의사를 만나도 막상 진료 시간은 5분도 걸리지 않죠. 심지어 입원 환자도 의사와 겨우 1분 정도만 상담했다는 결과가 나왔어요.[24]

하나 그렇다면 지금도 의대 블랙홀이란 말이 나오는데, 증원되면 더 많은 이공계 대학생이 휴학하고 의대 입시에 매달릴 게 뻔하잖아요? 너무 비효율적인 일이에요. 모두 의사가 될 필요는 없잖아요. 지금도 의대 광풍이라고 하는데 증원까지 되면 초등학교 저학년들의 의대 입시반도 늘어날 거 아니겠어요?

가람 그러니까 지역별 격차를 줄이기 위해서 지방 의대를 더 늘려야 해요. 똑똑한 학생들이 지방 의대에도 많이 가서 공부하게 하고 지역사회에서 근무할 때 확실한 이득을 주는 것이죠.

준혁 지금 필요한 건 필수 의료 분야의 전문의입니다. 우리나라에 전문의가 10만 명이나 되는데 그중 감염내과 전문의는 전국에 277명이고 소아외과 전문의는 50명 미만이라고 합니다.

서연 무분별하게 의대 정원을 확대해서 의사 수가 늘면 향후 의료 체계를 위협할 수도 있습니다. 당장 정원을 늘리는 정책의 결과가 미래에 어떻게 돌아올지도 충분히 검토해야 해요.

준혁 필수 의료와 공공 의료 분야의 의사가 부족한데도 의대 정원 확대를 반대하는 것은 이로 인해 일어날지도 모르는 의료 문제를 국민들에게 전가하는 것입니다. 의료 인력이 충분히 확보되어야 불법 의료 행위도 없어질 겁니다.

홍 쌤 여러분의 열띤 토론 잘 들었어요. 이제 각자의 주장을 정리해볼까요? 의대 증원 찬성 측과 반대 측 정리 발언해주세요.

서연 의사 수를 늘리기보다 기존 전문의들의 쏠림 현상을 막고 악성 민원과 의료 소송으로 인한 폐업을 막기 위한 특단의 대책, 즉 보다 장기적인 대책을 시급히 마련해야 한다고 생각해요.

준혁 지역별 의료 격차를 해소하고 많은 국민에게 빠르고 질 좋은 의료 서비스를 제공하기 위해 의대 정원을 꼭 확대해야 한다고 생각해요.

홍 쌤 초등학생부터 공대생, 심지어 직장인들까지 의대로 빨아들인다고 해서 의대 블랙홀이란 신조어까지 생겼죠. 왜 이렇게 많은 사람이 의대에 가려고 하는지 여러분은 생각해봤어요?

하나 그거야 의사가 돈을 많이 벌고 사회적으로 대우도 좋으니까요. 특히 성형외과 의사들은 돈을 엄청나게 많이 번대요. 한마디로 잘 먹고 잘살려고 의대 가는 거죠.

준혁 잘 먹고 잘살고 싶어 하는 것은 당연한 일이에요. 남들보다 많이 공부해서 의사가 되려고 하는 것은 잘못이 아니죠. 실력 있는 의사들이 많아져야 의료 서비스 질도 좋아지고요.

홍 쌤 모두 전광용 작가의 「꺼삐딴 리」를 읽어봤으면 좋겠네요. 의사 소설의 모범작으로 손꼽히는 단편소설이에요. 주인공 이인국 박사가 바로 출세주의와 이기주의에 사로잡힌 전형적인 의사의 모습을 보여주죠. 제목인 '꺼삐딴 리'는 이인국 박사가 소련군 고문관 스텐코프의 왼쪽 뺨에 난 혹을 제거해주자 스텐코프가 너무 기뻐서 '꺼삐딴 리'라고 부른 데서 따온 것이죠. 이인국 박사는 의술은 매우 뛰어나지만 의사로서 윤리 의식이 없고 다분히 출세 지향적인 인물이에요. 아까 하나가 말한 대로 잘 먹고 잘살기 위해 의사가 되었죠. 의대 정원을 늘려서 중·장기적으로 얻게 될 장점과 단점을 함께 고려해봐야겠습니다.

인구 1,000명당 의사 수=(등록 의사 수÷총인구)×1,000
전체 자료는 면허 의사 수 기준이며 시도별 자료는 활동 의사 수 기준
국내에서는 면허 의사 수를 많이 사용하지만 국제적으로는 활동 의사 수를 주로 사용한다. 활동 의사란 실제 환자 진료 업무에 종사하는 의사를 말한다. 활동 의사 기준으로 한국의 인구 1,000명당 의사 수는 서구 선진국의 3분의 2 수준에 불과하다. 그런데 외국과 달리 한국에서는 한의사가 제도적으로 인정되고 있는 점을 감안하면 의사 인력이 적게 추산되었다고 할 수 있다.[25]

05

지하철 운송 적자, 노인 무임승차 때문이라고요?

지하철 운송 적자는 노인 무임승차 때문? 1,000만 노인 시대, 65세는 아직 팔팔?

◆ 각 지방자치단체 도시철도공사가 부담하는 노인 무임승차 관련 비용이 수천억 원에 달한다고 합니다. 우리나라는 2023년 총인구 대비 65세 인구 비중이 18.4%로 이미 고령 사회에 접어들었고 2025년에는 20.6%가 되어 초고령 사회로 진입할 전망입니다. 급속한 고령화로 지하철 운송 적자는 더욱 늘어날 것으로 예상됩니다. 우리나라의 노인 빈곤율은 OECD 38개국 가운데 1위인데 이를 위한 정부 재정 투입은 OECD 회원국 평균의 절반 수준에 불과합니다. 이런 상황에서 노인 기준 연령을 높이면 노인의 기본 이동권은 물론 독거 노인들의 기본 생존권조차 위협받을 수 있습니다. 지하철 운송 적자를 해소하기 위해 노인 기준 연령을 높여야 할까요? 당신은 어떻게 생각하십니까?

홍 쌤 안녕하세요, 그동안 잘 지냈나요? 여러분은 만 65세 이상 노인은 지하철 탈 때 요금을 내지 않아도 된다는 사실 알고 있나요? 최근 대중교통 요금이 인상되면서 또다시 지하철 노인 무임승차가 이슈가 되고 있어요.

가람 노인들의 요금을 면제해주는 건 좋은 일 아닌가요? 우리 문화는 노인을 공경하잖아요.

홍 쌤 그렇죠. 그런데 출산율이 계속 하락하고 기대 수명은 늘면서 몇 세 이상을 노인으로 볼 것이냐에 대한 시각이 달라지고 있어요. 만 65세 이상 인구가 전체 인구의 7% 이상이면 '고령화 사회'라고 하고 14% 이상이면 '고령 사회', 20% 이상이면 '초고령 사회'라고 해요. 통계청 국가통계포털(KOSIS)에 따르면 우리나라의 65세 이상 고령 인구 비율이 2024년 993만 8,235명으로 전체 인구의 19.2%에 달해요. 따라서 2025년에는 고령 인구가 전체 인구의 20% 이상인 초고령 사회로 진입할 전망이죠. 오늘은 지하철 운송 적자를 해소하기 위해 노인 기준 연령을 높여야 할지에 관해 토론해요.

서연 서울도시철도공사에서는 지하철 만성 적자의 주된 원인이 65세 이상 노인들의 무임승차 때문이므로 노인 기준 연령을 70세로 상향해서 적자를 줄여야 한다고 주장합니다. 저는 이 주장에 반대합니다. 적자의 원인이 단순히 노인 무임승차 때문이라고만 볼 수 없고,

65세 이상 무임 수송은 노인복지법 제26조 시행령 19조에 명시되어 있습니다. 따라서 지하철공사가 손실을 입었다면 당연히 국가가 손실분을 보충해줘야 해요. 서울 시장과 광역 지자체장들이 정부에 '공익 서비스에 따른 손실 보전 지원(PSO)'을 요구했지만 기획재정부가 계속 반대해왔어요.[26]

> PSO(Public Service Obligation, 공익 서비스 보상 제도): 운송 사업자가 상업적 이익을 고려할 때 떠맡거나 이행하지 않을 범위나 조건의 운송 사업을 이행하면 이에 대한 원인 제공자가 재정을 지원하는 제도다. 국내의 대표적 PSO 사례는 철도 운행 서비스에 대한 보상이다.

준혁 기획재정부가 반대한 이유는 지하철 운영에 관한 사항은 운송 사업자와 지방자치단체가 합의해 결정해야 하므로 손실 부분을 무조건 국가 세금으로 메꿔줄 수는 없기 때문입니다. 국가 재정이 한정되어 있고 저출산과 고령화로 노인 인구는 계속 늘어나는데 지하철 운영 관련 손실을 계속 세금으로 보전할 수는 없습니다.

하나 노인복지의 사각지대에 있는 어르신들은 어떻게 하죠? OECD의 '한눈에 보는 연금 2023(Pension at a glance 2023)' 자료에 따르면 2020년 한국의 66세 이상 노인 인구의 소득 빈곤율은 40.4%입니다. OECD 회원국 평균인 14.2%보다 세 배 가까이 높아요. OECD 가입국 중 노인의 소득 빈곤율이 40%대에 달할 정도로 높은 국가는

한국뿐이에요.[27]

준혁 현재 법으로 규정된 노인 연령인 만 65세의 기준은 1981년 제정된 노인복지법이에요. 무려 40년째 아무 조정 없이 유지되고 있습니다. 평균수명이 증가하고 출생률은 세계 최저를 기록하고 있는데 노인 기준 연령을 높이지 않으면 앞으로 노인들을 부양해야 하는 청년 세대의 부담이 커질 것입니다.

가람 초고령 사회는 이미 빠르게 진행되고 있고, 이대로 간다면 국민들의 노인 부양률이 심각하게 높아져서 경제가 침체에 빠질 것입니다. 한국개발연구원(KDI)의 '노인 연령 상향 조정의 가능성과 기대효과' 보고서에 따르면 우리나라의 노인 부양률은 1980년대까지는 OECD 국가와 비교해 가장 낮은 수준이었으나 2027년부터 OECD 평균을 초과해 2054년 이후에는 OECD 국가 중 가장 높아질 것으로 예상됩니다.[28]

서연 우리나라는 OECD 국가 중 노인 빈곤율과 더불어 노인 자살률도 가장 높습니다. 보건복지부에서 발표한 '자살 예방 백서'(2021)에 따르면 한국의 노인 자살률은 46.6명으로 OECD 국가 평균보다 2.7배 높습니다.[29] 해마다 극단적 선택을 하는 노인이 3,000여 명에 달합니다. 노인 기준 연령을 상향하면 노인 우울증과 노인 자살 같은 사회문제가 더 많아질 수 있습니다.

하나 건강보험심사평가원의 2016년 자료에 따르면 우울증으로 치료받는 노인층 수가 매년 6.4%씩 증가하고 있고, 전체 우울증 진료 인원인 약 68만 명의 33%가 65세 이상 노인입니다. 따라서 빈곤층 노인들에 대한 지원을 확대해야 합니다.[30]

가람 노인 자살률과 우울증이 전부 경제적 빈곤 때문이라고 볼 수는 없습니다. 한국갤럽의 2023년 여론 조사 결과를 보면 노인 기준을 65세에서 70세로 상향하는 데 60%가 찬성한다고 답했어요. 8년 전에 조사한 결과보다 14%p나 증가했습니다.[31] 2015년 실시한 조사에서는 찬성 46%, 반대 47%였습니다. 이는 국민들도 법정 노인 기준 연령이 현실과 맞지 않다고 생각하고 있음을 보여줍니다.

준혁 이제는 어르신들 사이에서도 기준 연령을 높여야 한다는 공감대가 형성되고 있어요. 과거보다 노인들의 건강 상태가 좋아지고 사회적 인식이 높아졌기 때문입니다. 서울시가 서울에 거주하는 만 65세 이상 3,000여 명을 면접 조사한 결과에 따르면 '노인의 기준 연령'은 평균 72.6세였습니다.[32]

서연 노인 기준 연령을 올리는 것은 단순히 지하철 요금뿐만 아니라 연금 개혁이나 정년 연장과도 관련 있기 때문에 매우 민감한 문제입니다. 노인 계층 간 격차를 고려하지 않고 기준을 올리면 생계가 어려워지는 분들이 있습니다. 가장 먼저 기초 연금과 장기 요양 보험

수급 대상에서 제외되는 것이 큰 문제가 될 수 있습니다. 그럼 노인 빈곤율이나 자살률이 올라갈 수 있어요.

준혁 노인 계층 간 격차를 이야기했는데, 일률적으로 만 65세를 기준으로 여러 복지 제도가 시행되고 있기 때문에 경제적으로 넉넉한 노인들도 혜택을 받고 있습니다. 이런 식으로 가면 국가 재정이 고갈될 것입니다. 당장 65세에서 70세로 올리기가 어렵다면 단계적으로라도 올려야 합니다.

홍 쌤 토론 잘 들었습니다. 몇 세부터 노인으로 볼 것이냐는 결정하기 쉽지 않은 문제죠. 기준 연령을 올리면 단순히 지하철 요금을 내고 안 내고의 문제가 아니라 연금이나 보험 등 노인복지에도 영향을 미치기 때문이에요. 이에 대한 전문가들의 의견도 다양하지만 저출산으로 인구가 줄고 있기 때문에 점진적으로 상향해야 한다는 목소리가 설득력을 얻고 있습니다. 청소년들이 다루기 어려운 주제였는데 열심히 해주어 기쁘네요.

전문가 의견은?[33]

정순둘(이화여자대학교 사회복지학과 교수)

"신체적 기능을 보면 옛날 60대와 지금 60대가 다르고 지적 능력도 수준이 훨씬 높아졌다. … 은퇴가 빠른 데 비해 대비는 부족해 노인 빈곤 문제가 심각한데, 연령 기준 올리는 것이 중요한 게 아니라 사회구조가 버텨낼 수 있도록 바꿔야 한다. … 고령화 사회가 되면서 노인 인력을 활용해야 하니 일할 수 있는 한 계속 일할 수 있는 시스템이 필요하다."

정재훈(서울여자대학교 사회복지학과 교수)

"평균수명이 높아지고 건강 상태가 나아진 현재로선 노인 연령 기준을 올릴 수밖에 없다. … 노인 연령 기준을 높이더라도 정년 연장이나 연금 수급 연령·대상 조정 등 복지 공백을 정책적으로 보완하는 작업을 병행하면 정착하기까지의 기간이 그리 길지 않을 수 있다. … 현재도 기초 연금은 같은 노년 세대 안에서도 소득 수준별로 수급 여부가 갈리는데, 지금 논란이 되는 지하철 무임승차 역시 같은 방식으로 고소득 노인은 요금을 내게 하는 등의 해법이 있을 수 있다."

박승희(성균관대학교 사회복지학과 교수)

"국민연금만 해도 일찍 은퇴한 탓에 지급 액수 감소를 감수하더라도 가능한 한 빨리 수급하려는 이가 적지 않고, 그간 내온 액수에 따라서도 지급액이 다르다. 이런 격차를 무시하면 상당한 문제가 생길 수 있다. … 지금 복지 상황이 사각지대를 만들고 있다는 점도 생각해 점진적으로 올리는 방안 정도를 선택할 수 있을 것이다."

PART

4

차별 이슈를 통한 디베이트

01

노키즈 대한민국?
퍼스트 키즈 대한민국?

'노키즈존'은 다른 손님에 대한 배려인가, 어린이에 대한 차별인가?

◆ 일정 나이 이하 어린이의 입장을 제한하는 노키즈존 매장이 많아지고 있습니다. 이것은 어린이에 대한 차별일까요? 아니면 어린이의 안전을 지키고 다른 손님을 배려하기 위한 합리적 대책일까요? 소리 지르며 뛰어다니는 아이의 행동을 방관하는 부모가 존재하고 다른 고객이 항의하기 때문에 키즈존 폐쇄를 선언하고 노키즈존으로 전환하는 업주들의 사연이 뉴스에 자주 소개됩니다. 모든 아이가 남에게 피해를 끼치는 것도 아닌데 어린이 손님을 받지 않겠다는 것은 명백한 인권침해이며 차별이라는 의견도 있습니다. 한편 미숙한 어린이의 행동을 배려하지 않고 거부하면 어린이를 배제하는 사회적 분위가 형성되어 출산율에 악영향을 끼칠 것이라는 의견도 있습니다. 노키즈존, 당신은 어떻게 생각하십니까?

홍 쌤 디베이트 클럽 친구들, 안녕하세요? 여러분은 몇 살 때까지 어린이날 선물을 받았나요? 2022년이 어린이날 100주년이었어요. 일제강점기에 '천대받는 어린이를 사람 대접하자'는 운동을 펼친 소파 방정환 선생이 1922년 5월 1일 자신이 조직한 천도교소년회 창립 1주년 기념일에 '어린이의 날'을 제정했어요. 방정환 선생은 당시 암울한 상황에서 우리의 희망은 어린이라고 여겼기 때문에 '어린이날 선언'도 함께 발표했죠. 한 어린이 과학 잡지에서 '어린이날 선언문'의 일곱 개 조항이 잘 지켜지고 있는지 설문 조사를 했는데,[1] 가람이가 조사 내용을 알려주겠어요?

가람 네, 어린이날 100주년을 기념해 초등학생들을 대상으로 한 설문 조사에서 제3조 "어린이에게 존댓말을 쓰고 부드럽게 대해주세요"가 가장 잘 안 지켜지는 조항으로 꼽혔어요.

홍 쌤 (웃음) 부모님이 여러분에게 존댓말 쓰시나요? 100년 전에 비해 우리나라가 경제적으로 엄청나게 발전해 요즘 어린이들은 매우 풍족한 생활을 누리고 있죠. 어린이들이 진심으로 바라는 것은 어른들이 자신들을 하나의 인격체로 존중하는 것 아닐까요? 카페나 음식점에 '노키즈존'이라고 쓰여 있는 것을 본 적 있나요? 오늘은 노키즈존이 다른 손님들을 배려하는지 아니면 어린이에 대한 차별인지에 대해 토론해볼까요?

준혁 노키즈존이란 영·유아 및 어린이와 이들을 동반한 고객의 출입을 금지하는 공간입니다. 나이가 어리다는 이유로 출입을 제한하는 것은 어린이에 대한 명백한 차별입니다. 이에 관해 국가인권위원회에서 판단한 적이 있습니다. 9세 자녀를 동반한 손님이 가족과 함께 식사하기 위해 식당에 갔는데 식당 측이 13세 이하 어린이는 받을 수 없다며 나가줄 것을 요구했어요. 손님이 이는 아동에 대한 부당한 차별이라며 국가인권위원회에 진정을 제기했습니다.[2] 2017년 11월 국가인권위원회는 이 사건이 합리적 이유 없이 나이를 이유로 차별한 행위라고 판단했어요. 그리고 사업주에게 향후 13세 이하의 아동을 배제하지 말 것을 권고했어요.

하나 저는 노키즈존 지정에 찬성합니다. 음식점이나 카페는 엄연히 상업 시설이고 상업 시설은 이익을 목적으로 운영하는 곳입니다. 자신의 식당을 노키즈존으로 지정하는 것은 업주의 자유입니다.

준혁 국가인권위원회 보고문에 따르면 상업 시설 운용자들의 목적은 영업 이익 창출이고 헌법 제15조에 따라 영업의 자유가 보장되고 있으나 무제한 보장되는 것은 아닙니다. 또한 특정 집단을 특정 공간이나 서비스에서 배제하기 위해서는 합리적 사유가 있어야 해요.[3] 문제가 된 해당 이탈리안 음식점은 시설 이용 시 특별한 주의가 요구되는 곳이 아니었죠. 파스타처럼 아이들이 좋아하는 음식을 파는 식당에서 13세 이하 아동의 이용을 일률적으로 제한하는 것은 합리적인 이유가 아니라고 본 것이죠.

서연 노키즈존이 계속 생겨나는 사실은 그럴 만한 이유가 있다는 반증 아닐까요?

가람 노키즈존이 반드시 필요하기 때문에 증가하고 있다고 할 수는 없죠.

서연 노키즈존이 생겨난 결정적 계기는 2012년 2월 발생한 '푸드코트 화상 사건'으로 알려져 있어요. 푸드코트에서 아들과 함께 식사하던 여성이 잠시 자리를 비운 사이 종업원이 아이의 얼굴에 뜨거운 국물을 쏟고는 그냥 사라졌다는 내용이 인터넷에 올라와 큰 논란이 일었죠. 그러나 CCTV를 확인한 결과 아이가 식당에서 마구 뛰어다니다 종업원에게 부딪혀 국물을 뒤집어쓴 사실이 공개되었어요. 사건 초기에는 해당 종업원이 '된장국물녀'로 불리며 큰 비난을 받았지만 CCTV 공개 이후 여론이 급반전되었고, 아이를 관리하지 못한 어머니가 비난받았어요.[4]

준혁 공공장소에서 아이들이 뛰어다녀서 종종 사고가 발생하기도 합니다. 그 아이들이 문제라기보다 제대로 관리하지 못하거나 방치하는 부모들이 문제죠. 그렇다고 해서 어린이가 들어오지 못하게 막는 것은 일부 문제를 전체로 확대 적용하는 명백한 오류입니다.

하나 노키즈존은 아이들의 부주의한 행동으로 다른 고객이 피해 입는 것을 막고 아이들의 안전사고도 예방할 수 있는 조치입니다. '푸드코트 화상 사건'처럼 아이가 다칠 수도 있고, 식당이나 카페에 있는 다른 사람이 다칠 수도 있어요. 안전에 중대한 문제가 될 수 있다고요. 저출산 시대라고 해서 아이들이 다른 손님에게 피해 끼치는 것까지 방관해야 할까요?

가람 다른 손님을 배려하지 말라는 것이 아니고, 어린이 손님을 차별해서는 안 된다는 뜻이에요. 어린이도 어른과 같이 완벽한 하나의 인격체이니까요.

서연 우리나라 국민들은 노키즈존이 지속적으로 필요하다고 생각하고 있습니다. '노키즈존을 허용할 수 있는가?'에 대해 2021년과 2023년 실시된 두 차례의 조사에서 허용할 수 있다는 응답이 70%를 넘었습니다.[5] 특히 주목할 부분은 초등학생 이하 연령대의 자녀가 있는 응답자 중에서도 70%가량이 노키즈존을 허용할 수 있다고 대답했다는 것입니다.

준혁 노키즈존이 필요하다는 생각이 어린이 손님에 대한 차별의 근거가 될 수는 없습니다.

하나 어린 자녀가 있는 부모들조차 식당이나 카페에서 통제가 안 되는 다른 아이들을 보며 눈살을 찌푸린 경험이 많았기 때문에 동의한 것입니다. 무조건 차별 문제로 몰지 말고, 여론이 형성되고 있는 분위기와 상황을 파악해야 합니다.

준혁 노키즈존을 사회적으로 인정하면 더 큰 문제가 발생할 겁니다. 다수가 어떤 특정 집단 때문에 불편하다는 이유로 그 집단을 배제하고 막아버리는 일이 늘게 되죠. 이미 노키즈존과 비슷한 '노○○존'이 생겨나고 있습니다. 노시니어존(No Senior Zone)처럼요.

서연 일단 매장에서 안전사고가 일어나 재판까지 가면 업주들의 피해가 심각합니다. '푸드코드 화상 사건'의 경우 법원은 부모의 책임을 30%, 식당 주인과 종업원의 책임을 70%로 인정하고 식당 주인이 4,143만 원을 배상하라고 판결했습니다.[6] 부모가 잠시 자리를 비운 사이에 벌어진 일이었고 처음 알려진 것처럼 종업원만의 잘못이 아니었는데도 식당 주인과 종업원의 책임을 70%나 인정했어요.

가람 누구나 어린이 시절이 있었잖아요? 세계 최저 출산율을 기록하는 우리나라에서 노키즈존이 늘어난다는 것은 출산과 육아에도 부정적 영향을 줄 수 있는 문제예요. 기본소득당 용혜인 의원이 이 문제를 지적했죠. 용 의원은 24개월 된 아들과 함께 노키즈존 관련 기자회견을 열고 '국회의원이기 이전에 한 아이의 엄마로서 노키즈 대한민국을 퍼스트 키즈 대한민국으로 만들겠다'라고 선언했어요.

서연 다시 말하지만, 노키즈존은 차별이 아니라 선택의 문제입니다. 위험한 곳에 아이를 방치하거나 공공장소에서 아이가 다른 사람에게 피해를 주는 행동을 하는 것에 무관심한 부모들이 문제예요. 어린이 손님을 받지 않기로 선택한 업주의 문제가 아니란 말이에요. 업주 입장에서는 당연히 다른 손님의 안전과 편의도 고려해야 하니까요.

준혁 차별에 관한 문제가 아니라고요? 국립중앙도서관은 초등학생 이하의 어린이는 출입이 금지되어 있다는 사실을 아나요? 홈페이지의 '이용 자격'[7]에 정말 그렇게 명시되어 있어요. 용 의원이 그래서 '공공시설조차 합리적 이유 없이 노키즈존으로 운영되는 경우가 허다하다'라고 지적한 것입니다. 세계 최하위 출생률을 극복하고 싶다면 막대한 돈을 쏟아붓기 전에 어른들의 불편함 때문에 어린이를 거부하는 사회적 태도를 바꿔야 합니다.

하나 과연 노키즈존을 없앤다고 대한민국의 저출산 문제가 해결될까요? 저출산 시대니까 남에게 피해를 주는 아이의 행동까지 인정해야 한다는 생각은 잘못됐어요.

홍 쌤 열띤 토론 잘 들었습니다. 세계 최저 출산율을 기록하는 한국에서 노키즈존이 점점 증가하고 있는 현상에 대해 해외 언론까지 집중 조명하고 나섰는데요. 미국 CNN은 '한국에서는 초저출산을 극복하기 위해 매년 거액의 예산을 투입하면서 어린아이의 매장

출입을 금지하는 이른바 노키즈존 영업이 성행하는 등 역설적인 상황이 벌어지고 있다'라고 비판적으로 보도했어요.[8] 육아의 어려움을 더 강조하고 출산을 더 꺼리게 만들 수 있다는 의미죠. 업주 입장에서는 사고가 나면 책임져야 하고 이는 경제적 손실로 이어지기 때문에 노키즈존을 도입하고 싶어 합니다. 여론 조사 결과에서도 나타났듯이 어린 자녀의 부모도 노키즈존에 찬성하고요. 국내외 전문가들의 의견을 읽어보고 여러분의 입장을 정리해보기 바랍니다.

전문가 의견은?

국내	해외
장경은(경희대학교 아동가족학과 교수) "아이들은 부모가 싸워도 자기 때문이라고 생각한다. … 노키즈존에 출입할 수 없는 상황은 부모도 함께 거부당하는 경험인 만큼 부모에 대한 미안함, 죄책감 등이 아동의 정서에 악영향을 미칠 수 있다. … 아이들이 공공장소에서 산만할 수 있지만 교육으로 개선해야 할 문제고, 기회 자체를 박탈하는 건 부적절한 조치다."[9]	**하이케 샨젤(뉴질랜드 오클랜드공과대학교 관광학과 교수)** "아이가 건강한 사회의 일원이 아닌 라이프스타일상의 선택으로 간주되는 가운데 아이를 갖기로 한 가족이 설 자리를 노키즈존 정책이 더 좁게 할 수 있다."[10]

노혜련(숭실대학교 사회복지학과 교수) "노키즈존이 앞으로 '노장애인존', '노시니어존' 등 다른 취약 계층으로 확산되지 말란 법이 없다. … 이건 사회가 거부하고 싶은 대상은 배제해도 된다는 사회적 메시지를 어린이들에게 은연중에 심어주는 행위나 다름없다. … 사안의 심각성을 인지하고 경각심을 가질 필요가 있다."[11]	**에이미 콘리(오스트레일리아 시드니대학교 라이트 아동 및 가족 연구 센터 소장)** "사람들은 자신 역시 아이였다는 사실을 잊는다. … 노키즈존은 우리보다 먼저 혹은 늦게 태어난 사람들을 배려해야 한다는 세대 간의 근본적 약속을 깨는 것이자 매우 근시안적인 정책이다."[12]
정재훈(서울여자대학교 사회복지학과 교수) "노키즈존 운영 여부는 업주의 자유기 때문에 입법 예고 등을 통해 강제성을 띠는 순간 되레 반감을 살 수 있다. … 국가나 지자체가 노키즈존을 금지하기보다는 사회적 인식을 꾸준히 개선하고, 시민 개개인이 자발적으로 동참하도록 해야 한다."[13]	**존 월(미국 럿거스대학교 아동학과 교수)** "식당에서 술 취한 성인이 다른 사람에게 소리를 지르는 것이 우는 아이의 울음소리보다 훨씬 짜증 나는 일이다. … 아이를 표적으로 삼는 것은 그들이 2등 시민이며 사회적 기업에 적합하지 않음을 알리는 꼴이다."[14]

연령 차별주의(ageism): 단순히 나이를 이유로 개인의 기회를 박탈하거나 소외시키는 사회적 이념 및 행위를 뜻한다. 1969년 미국의 정신의학자 로버트 버틀러가 이 용어를 고안하면서 연령 차별이 특정 피부색이나 성별을 기준으로 인간을 차별하는 인종차별이나 성차별과 동일한 차별 행태라고 주장했다.[15]

02

흑인은 인어공주 하면 안 되나요?

흑인 인어공주는 원작 훼손인가, 인종적 다양성에 대한 추구인가?

◆ 디즈니의 실사 판 영화 「인어공주」를 보셨나요? 디즈니는 에어리얼 역에 흑인 배우를 기용해 많은 사람을 놀라게 했습니다. 애니메이션 「인어공주」 에어리얼의 이미지로 인해 흑인 인어공주를 불편해하는 사람이 많습니다. 흑인 인어공주가 마음에 들지 않는 이유는 우리가 그동안 백인 공주와 백인 왕자에게 길들여져 있기 때문일까요? 흑인이 인어공주가 될 수 없다고 생각하는 것은 인종차별일까요? 왜 흑인 인어공주는 사람들을 불편하게 할까요?

홍 쌤 디베이트 클럽 친구들, 환영합니다. 여러분, 할리 베일리가 주연한 실사 판 「인어공주」 봤나요?

하나 흑인 인어공주라니! 너무 안 어울려요! 말도 안 돼요.

가람 좀 이상하긴 해도 말도 안 될 것까지야? 하나, 너 혹시 인종차별주의자?

하나 아니, 어떻게 '인어공주'가 흑인일 수 있냐고요! 이상해요!

준혁 뭐, 다들 그렇게 이야기하긴 하던데. 하지만 새하얀 피부에 금발 여자애들만 공주 하라는 법은 없지 않을까?

홍 쌤 여러분, 진정하고요. 디즈니가 인어공주 역으로 흑인 배우 할리 베일리를 캐스팅할 때부터 엄청난 논란이 일었죠. 사람들 머릿속에 각인된 인어공주는 애니메이션의 에어리얼인데 무척 다른 베일리를 보고 어울리지 않는다, 원작 훼손이다 등 전 세계적으로 혹평이 엄청났어요. 심한 악플을 보고 베일리가 펑펑 울었다는 말도 있고요. 혹평하는 사람들을 인종차별주의자라고 비난하는 사람들도 있고요. 오늘은 '흑인 인어공주'를 불편해하는 것은 인종차별일까에 관해 토론했으면 합니다.

서연 사람들이 흑인 인어공주를 불편해하는 까닭은 실사 판 영화가 원작을 훼손했다고 느끼기 때문입니다. 애니메이션 「인어공주」의 사랑스러운 에어리얼을 오랫동안 기억하고 있는 많은 팬에게 디즈니는 엄청난 실망을 안겨주었습니다.

준혁 그럼 흑인 배우가 인어공주 역에 어울리지 않는다는 이유 때문이 아니라는 건가요? 겉으로는 원작을 훼손했기 때문이라고 말하지만, 사실은 흑인 인어공주가 어울리지 않는다는 생각 자체가 인종차별 아닌가요? 디즈니는 백인 금발 공주라는 고정된 틀을 깨고 다른 인종을 캐스팅해서 인종적 다양성을 추구하려고 한 것입니다.

가람 저도 동의해요. 물론 흑인 배우 중 더 예쁜 배우도 많은데 왜 할리 베일리를 골랐는지 이해되지는 않지만, 흑인 인어공주 자체가 이상하다고 생각하지는 않아요.

준혁 이번 영화가 원작을 훼손했다고 하지만, 진짜 원작은 디즈니 애니메이션이 아니라 한스 크리스티안 안데르센의 동화입니다. 동화에는 인어공주의 인종에 대한 구체적 묘사가 없어요. 결말도 비극인데 디즈니에서 모든 연령층을 대상으로 애니메이션으로 만들다 보니 해피엔딩으로 바꾼 것이고요.

서연 흑인 인어공주는 디즈니가 백인 공주투성이인 애니메이션계에 대한 인종차별 비난을 피하기 위해 과도하게 '정치적 올바름(political correctness, PC)'[16]을 내세운 것에 불과합니다. 그래서 '블랙 워싱(black washing)'[17]에 관한 논란이 생긴 것이지, 흑인 인어공주를 불편해하는 사람이 인종차별주의자인 것은 아닙니다.

가람 인어공주의 인종이 전체 스토리 흐름에서 문제가 되지 않는데 어째서 전 세계적으로 이렇게 이슈가 되는 거죠? 흑인 배우를 캐스팅할 때부터 논란이 되었다는 사실은 아직까지도 공주는 백인이어야 한다는 편견이 강하게 남아 있기 때문입니다. 디즈니의 '정치적 올바름'에 대한 추구를 비판하는 사람도 많지만, 그렇게라도 하지 않으면 계속 백인만 공주가 되겠죠.

하나 저는 그렇게 생각하지 않아요. 디즈니는 어린이부터 어른에 이르는 전 세계의 많은 사람에게 큰 영향을 끼치는 콘텐츠를 제작하는 회사이기 때문에 정치적 올바름을 내세우는 데도 주의가 필요하다고 생각해요. 특히 디즈니가 전 세계 어린이들에게 끼치는 영향은 매우 커요. 많은 팬에게 인어공주에 대한 이미지를 인식시킨 것이 애니메이션 「인어공주」잖아요?

서연 백인 공주가 대세이긴 하지만 디즈니 애니메이션 중에는 유색인종 캐릭터들도 있어요. 「공주와 개구리」의 티아나 공주도 흑인이고 포카 혼타스나 뮬란도 있죠. 하지만 「인어공주」는 이미 애니메이션이 있었고 실사 판으로 만들어지면서 많은 것이 바뀌었기 때문에 팬들이 실망한 것이고요. 인종만 바꾼다고 사람들의 편견이 당장 바뀔까요?

준혁 편견을 쉽게 바꿀 수 없기 때문에 디즈니 같은 거대 콘텐츠 제작 기업에서 이런 영화를 통해 정치적 올바름에 관한 메시지를 던졌다고 생각해요. 편견을 바꾸자고 외치는 것보다 훨씬 수월하게 많은 사람의 관심을 끌 수 있으니까요.

하나 미국은 여러 인종이 모여 사는 나라니까 인종 문제에 훨씬 민감하다는 점은 인정해요. 하지만 너무 억지스럽게 정치적 올바름을 드러내려고 하니까 오히려 문제로 부각되고 있어요. 팬들의 실망도 크고요. 정치적 올바름을 꼭 영화로 나타내야 하는 건 아니잖아요?

준혁 꼭 영화로 나타내야만 하는 이유가 있습니다. 컨설팅 회사 매킨지의 보고서에 따르면 북아메리카에서 백인 인구가 줄고 비백인 비율이 높아지기 때문에 인종 불평등을 바로잡으면 영화가 더 많은 수익을 거둔다고 합니다.[18] 디즈니가 지속적으로 정치적 올바름에 집중하는 이유가 이해되나요?

홍 쌤 역시! 오늘도 친구들의 열띤 토론, 정말 흥미롭게 들었어요. 인어공주 역에 흑인 배우를 캐스팅할 때부터 엄청난 논란이 일었죠. 매킨지의 연구와 비슷한 연구 결과가 있는데요. 다국적 연예 매니지먼트사 '창조적 예술가 협회(Creative Artists Agency, CAA)'가 영화 주요 인물들의 인종적 다양성이 높을수록 그렇지 않은 영화보다 더 흥행에 성공했다는 연구 결과를 발표했어요.[19] 인종차별이냐 아니냐, 지나친 정치적 올바름이냐 아니냐를 두고 많은 논란이 일어나는데요. 영화는 예술이죠. 흑인 인어공주가 이상하다는 사람들을 인종차별주의자로 몰아붙이거나 정치적 올바름을 지지하는 사람들을 PC주의자로 비난하는 극단적 태도는 주의해야겠어요.

03

여성도 군대 가야 성 평등이 실현되나요?

애도 안 낳는데 군대 가지 말아야 할 이유가 있을까? 인구 절벽 시대에 젠더 갈등을 조장하고 출산율 제로에 도전하겠다는 것인가?

◆ 성 평등 차원에서 여성도 군대에 가야 한다는 이야기는 전부터 제기되었습니다. 북한과의 관계가 악화되어 국가 안보에 대한 위험이 높아질 때마다 여성 징병제가 논의되기도 했습니다. 저출산으로 인구가 감소하여 병역 의무를 수행할 인적자원이 부족해지면서 최근 여성 징병제를 도입해야 한다는 논의가 또다시 쟁점이 되고 있습니다. 2021년 4월 청와대 홈페이지에 여성도 징병 대상에 포함해달라는 국민 청원이 올라왔고 29만여 명의 동의를 얻었습니다. 선거 때마다 여성 징병제에 대한 논의가 반복되면서 젠더·정치 갈등으로 이어진다는 우려가 커지고 있습니다. 성 평등을 이루기 위해 여성도 군대에 가야 할까요? 여성 징병제, 당신은 어떻게 생각하십니까?

홍 쌤 디베이트 클럽 친구들, 안녕하세요? 한 주 동안 잘 지냈나요? 우리가 토론하면서 지금 사회에서 일어나는 여러 이슈를 다루고 있는데요. 그중에서도 저출산 문제는 인구 감소뿐 아니라 많은 사회 문제를 낳고 있어요. 저출산으로 인구가 줄면서 군대 병력까지 감소하고 있죠. 오늘은 어쩌면 성 대결이 될지도 모르는 여성 징병제에 관해 토론해보겠습니다. 남자 친구들인 준혁이와 가람이는 여성 징병제에 찬성하나요, 반대하나요? 먼저 의견 들려주세요.

준혁 저는 여성 징병제에 찬성합니다. 2022년 우리나라의 합계 출산율이 0.78명으로 최저를 기록했습니다. 출산율 저하로 인한 인구 감소는 병력 규모에도 영향을 끼치고 있습니다. 특히 우리나라는 북한과 휴전 중이기 때문에 상비 병력 50만 명이 필요합니다. 부모님 세대에는 국군이 '60만 대군'이었다고 들었는데 인구 감소로 이미 2018년에 60만 명 선이 붕괴되었습니다. 국가통계포털의 남북 군사력 현황[20]에 의하면 2022년 말 병력이 50만여 명이었지만 실제로는 48만 명이라고 합니다.[21] 가람이가 국군의 병력 감소에 대한 현황을 알려드리겠습니다.

가람 국군 병력은 2002년 69만 명을 기록한 이후 2017년까지 60만 명 이상을 유지했습니다. 하지만 2018년 국군의 대명사였던 '60만 대군'이 무너진 후 계속 감소해 2021년에는 51만 명, 2022년에는 50만 명 선이 무너졌습니다. 국방부가 2022년 12월 발표한

'2023~2027 국방 중기 계획'에 따르면 2027년까지 상비 병력 정원을 50만 명으로 유지하려고 하지만[22] 저출산에 따라 병역 자원이 급감해서 실제 병력 50만 명을 회복하기는 어려울 것입니다.

서연 저는 여성 징병제에 반대합니다. 상비 병력 50만은 20여 년 전 이야기입니다. 과거처럼 상비 병력을 꼭 50만으로 유지하는 것이 적정한지 검토하고 논의할 필요가 있습니다. 국방부는 2023년 '국방혁신 4.0 기본 계획'을 발표했습니다. 병역 자원 감소에 대비해 '인공지능(AI) 과학기술 강군'을 육성한다는 전략입니다. 여성을 징병할 게 아니라 저출산 시대와 무인화, 첨단 과학화 시대에 걸맞게 상비 병력 수준도 재조정해야 합니다.

하나 또 아무리 최첨단 과학기술로 무장한다고 해도 전쟁이 벌어지면 지상군이 필수적으로 투입됩니다. 여군을 지상군으로 투입할 경우 발생할 문제도 고려해야 합니다.

가람 여군을 꼭 지상군으로 투입하지는 않아도 됩니다. 부대 정보나 교육, 법무, IT, 전투 지원 등 다양한 분야에서 활동하는 방안이 있죠. 또 요즘은 군대에서 복무하고 싶다는 여성들도 있지 않나요? 2021년 4월 청와대 홈페이지에 '여성도 징병 대상에 포함해주십시오'라는 국민 청원이 올라왔고 29만여 명의 동의를 얻었잖아요.

서연 우리나라는 헌법과 병역법에 근거해 병역 의무를 부과하고 있어요. 헌법 제39조 1항에는 '모든 국민'은 법률이 정하는 바에 의하여 국방의 의무를 진다고 되어 있습니다. 그런데 병역법 제3조 1항에는 대한민국 국민인 '남성'은 헌법과 이 법에서 정하는 바에 따라 병역 의무를 성실히 수행하여야 한다, 여성은 지원에 의하여 현역 및 예비역으로만 복무할 수 있다고 되어 있죠. 이것이 평등권 침해라며 헌법 소원이 제기되었지만, 헌법재판소는 다섯 차례 모두 합헌이라고 판단했습니다. 남성만 병역 의무를 지는 것이 평등권 침해가 아니라는 것입니다.

준혁 합헌 판결이 났음에도 여성 징병제가 매년 끊이지 않고 논의되는 이유는 많은 사람이 남녀가 평등하게 국방의 의무를 다해야 한다고 생각하기 때문입니다. 한마디로 시대가 바뀌고 사람들의 인식도 바뀐 것입니다. 여성들이 다른 분야에서는 성 평등을 주장하면서 국방의 의무에만 합헌을 핑계로 반대하는 것은 논리적이지 않다고 생각합니다.

가람 남성들은 신체적으로 가장 왕성한 나이에 군대에 다녀온 후 복학하는 경우가 많습니다. 복무 기간 동안 학업이 단절되고, 그나마 취업할 때 받았던 군 가산점마저 남녀 차별이라며 없어졌습니다. 이후 예비군 훈련에도 의무적으로 참가해야 하고요. 반면 여성은 지원을 통해 군대에 갈 수 있지만, 부사관이나 장교로만 지원할 수 있죠. 사병이 아니고요. 그렇게 성 평등을 주장한다면 여성도 일반 병사로 가면 되지 않나요?

서연 여성을 징병하는 대표적인 나라가 이스라엘이죠. 2016년 노르웨이, 2018년 스웨덴과 네덜란드가 여성 징병제를 도입했습니다. 이 나라들을 예로 들며 우리나라도 여성 징병제를 도입해야 한다고 주장하는 사람들이 있습니다. 하지만 노르웨이와 스웨덴은 우리와 달리 성 평등 문화의 수준이 높습니다. 노르웨이는 2014년 당시 사회주의 정당 소속 여성 당원들이 앞장서서 여성 징집 결의안을 통과시켰어요. 여성 징병제 대신 '성 중립적 징병제'라는 용어를 쓰고 있고요.[23] 우리나라와는 상황이 다릅니다.

하나 이들 국가에 남은 성차별 중 하나가 징병제였어요. 남성만 징병하는 제도가 여성을 배제하고 차별한다는 지적이 많았고, 징병제 부활에 찬성하는 여론도 매우 높았다고 합니다. 우리나라는 아직까지도 많은 여성이 결혼과 출산 등으로 불이익을 받거나 경력이 단절되는데 징집까지 된다면 출산율이 더욱 감소할 수 있습니다. 성 평등 문화가 안정적으로 자리 잡은 북유럽 국가와 단순 비교하는 것은 맞지 않습니다.

준혁 여성이 군대에 가지 않는 지금도 이렇게 출산율이 낮은데 앞으로 징병이 되지 않는다고 출산율이 높아질까요? 여론 조사 결과가 흥미로운데요. 여성 징병제 도입에 관해 2023년 7월 시행한 찬반 조사에서 반대가 54.9%, 찬성이 36.3%였습니다. 여성(53.4%)보다 남성(56.3%)의 반대가 더 많았죠.[24] 그런데 2024년 KBS가 실시한 여론 조사에서는 찬성이 54%, 반대 34%였습니다. 남자는 찬성 66%, 반대 27%로 압도적으로 많은 수가 찬성했고, 여자는 찬성 43%, 반대 40%였습니다.[25]

서연 혼자만 가기 싫으니까 여자도 같이 가자는 건가요? 여성 징병제는 그렇게 쉽게 결정할 수 없는 문제입니다. 남성 위주로 형성된 군대에서 여성을 위해 막사, 화장실, 샤워실 등 기본적 생활공간을 만들어야 하는 문제도 있고, 여성은 임신과 출산 등으로 남성과 동일한 강도로 훈련하기 힘들 수도 있습니다.

하나 군대의 폐쇄성으로 인해 주로 여군이나 성 소수자에게 폭력이 가해지고 다양성과 인권이 훼손되고 있는 것이 현실입니다. 선임병들의 가혹 행위 때문에 사망하거나 극단적 선택을 하는 병사들도 있었고, 군에서는 이를 은폐하려고 했습니다. 여성이 징병되면 성범죄가 증가할 우려도 있습니다.

준혁 여성 징병제가 시행된다면 바뀌어야 할 것이 많겠죠. 폐쇄적인 군 문화와 병사들에 대한 처우를 개선해야 합니다. 또 여성에게 필요한 시설을 만들어 여성 친화적 군대를 만들어가야 합니다. 지금

보다 여군이 많아진다면 오히려 그러한 범죄가 줄어들 가능성도 있습니다.

홍 쌤 예상대로 불꽃 튀는 토론이 이루어졌네요. 인구 감소가 사회 각 분야에 커다란 영향을 미치고 있다는 점, 이제 잘 알게 되었을 거예요. 인구 감소로 상비 병력이 줄고 있는데 여성을 군대에 보내면 모든 문제가 해결될까요? 성 평등을 외치면서 '너희는 왜 군대에 안 가냐?'라는 식으로 접근하기보다 여성 징병제가 정말 병력 부족 문제를 해결할 대안인가를 함께 고민해봐야겠습니다. 충분한 사회적 합의 없이 여성 징병제를 시행할 경우 발생할 수 있는 문제점, 폐쇄적인 군 조직과 문화를 어떻게 개선할 것인가 등도 고려해야겠습니다.

PART

5

그래서 디베이트!

01

자기 목소리를 낸다는 것

서울에서 그럭저럭 평범한 어린 시절을 보내다가 가족과 함께 오스트레일리아로 이민 간 한 소년이 있었어요. 영어가 서툴렀던 소년은 조별 과제를 할 때 자기 생각을 능숙하게 말하지 못하는 것이 속상했어요. 어설픈 단어와 문장 때문에 자기주장을 제대로 못했던 소년은 논쟁을 피하고 싶어 그냥 조용히 지내기로 결심해요. 하지만 5학년이 되어 어쩌다 토론반에 덜컥 가입합니다. 그는 찬성 팀의 첫 발언자로 단상에 오르는 순간 사람들이 자신의 말을 제대로 들어줄지도 모른다고 생각합니다.

세계학생토론대회와 세계대학생토론대회 우승, 오스트레일리아 국가대표 토론 팀 코치, 하버드대학교 토론 팀 코치로 활약한 디베이팅 세계 챔피언 서보현의 이야기입니다. 언어 장벽 때문에 자기 생각을 제대로 말하지 못했던 소년은 토론의 세계로 들어가 올바른 방법으로 자기 목소리를 내는 사람으로 성장했어요. 그는 "우리가 세상과 갈등할 때 논쟁은 결국 스스로를 드러내게 만든다"라고 말했어요.[1]

우리는 살면서 어떤 방식으로든 자기 생각을 말하며 살아요. 거창한 토론 대회에 나가지 않더라도 말이지요. 친구들끼리 의견이 다를 때 내 의견에 동의하도록 만들기 위해 열변을 토했던 경험이 있지요? 어른들이 하는 '100분 토론' 같은 것만 토론이 아니라 일상생활에서 발생하는 의견 차이를 조정하는 것도 토론의 범주에 들어요. "저는 소심해서 자기주장을 잘 못해요"라고 말하는 친구들이 있어요. 체험학습 장소를 결정해야 할 때, 점심으로 무엇을 먹을까 결정해야 할 때 자기 의견을 말하지 못하고 그냥 친구들 결정을 따른 적이 있나요?

디베이터 서보현은 각종 세계 토론 대회에서 '반대 의견을 말할 더 좋은 방법을 열심히 찾았다'고 해요. 내가 반대 의견을 말하면 친구와 사이가 서먹해질까 봐 쉽게 말하지 못한 적이 있나요? 토론하고 나서 친구와 싸운 적이 있나요? 모든 사람의 의견이 같을 수는 없어요. 상대와 원만한 관계를 유지하면서 내 반대 의견을 명확하게 말하기 위해서는 올바른 방법으로 반대하는 방법을 배워야 해요. 무조건 이기기 위해 상대 논리에 반대하거나 반대를 위한 반대를 하면 안 돼요. 논쟁의 목적은 더 좋은 해결책을 찾는 것이니까요.

학교 수업 시간에 하는 토론이든 토론 대회에서 하는 디베이트든 많은 준비와 노력을 기울여 경험해본 친구들은 자신을 둘러싼 세계가 한층 넓어진 것 같다고 이야기합니다. 세계는 나와 다른 의견을 가진 수많은 사람의 집합체임을 직접 느끼기 때문이죠. 꼭 디베이트 대회에 나가지 않더라도 올바로 토론하는 방법을 배워야 하는 까닭이기도 합니다.

토론이든 아니든 수업 시간에 자신의 생각을 말해보라고 하면 무슨 말을 해야 할지 모르겠다는 친구들이 있어요. 무슨 말을 해야 할지 모른다고 해서 아무 생각이 없는 건 아니지요. 다만 머릿속 생각을 말로 표현하는 방법을 모르거나 말하는 것이 어색하기 때문이에요. 생각을 말로 표현하는 순간 왠지 유치하게 느껴질 때가 있거든요. 뭔가 생각이 그럴듯해서 알고 있다고 여겼는데 막상 설명하려니 어렵게 느껴진다면 내가 확실히 알고 있다는 뜻이 아니에요.

진짜 배워야 하는 사람은 학생들인데, 수업 시간에 열심히 설명하며 공부하는 사람은 선생님이에요. 수업이 끝나면 학생들 입장에서는 뭔가 배우긴 했는데 아무것도 생각나지 않는 현상이 발생하지요. 아직까지도 교실에서 가장 많이 말하는 사람은 선생님이죠. 이제는 여러분이 자신의 생각을 말하는 수업이 되어야 해요. 그러기 위해서 조금 뻔뻔해져도 좋아요!

02

뻔뻔한 도전 정신, 이스라엘의 후츠파

'토라', '탈무드', '하브루타' 등의 단어를 들어본 적 있나요? 대부분 한 번쯤은 들어봤을 거예요. '토라(Torah)'는 히브리어로 '가르침'이란 뜻이고 구약성서의 첫 다섯 편인 「창세기」, 「출애굽기」, 「레위기」, 「민수기」, 「신명기」를 말해요. 흔히 모세오경이라고 하는데 유대교에서 가장 중요한 경전입니다. 유대인은 어릴 때부터 반드시 토라를 공부해요. 예전에 유대인 아이들이 토라를 공부하는 모습을 텔레비전으로 보고 깜짝 놀란 적이 있어요. 마치 싸우는 것 같았거든요.

유대인들은 혼자서 토라를 공부하지 않아요. 친구와 짝을 이루어 함께 읽으며 서로의 생각을 말하고 질문하는데, 어찌나 큰소리로 대화하는지 싸우는 것처럼 보여요. 하브루타(havruta)는 '친구(friend)'라는 뜻의 히브리어 '하베르'에서 파생된 아람어로 '우정(friendship)'이란 의미가 있어요. 나이와 성별, 계급에 차이를 두지 않고 두 명씩 짝을 지어 대화하고 논쟁하며 공부하는 유대인의 전통적 학습 방식을 하브루타라고 하지요.

저는 하브루타와 한국식 학습 방식의 가장 큰 차이점이 '질문하기'라고 생각해요. 친구와 함께 토라를 읽고 묻고 답하는 과정에서 학생들은 문제에서 '내가 아는 것'과 '내가 모르는 것'을 스스로 알게 됩니다. 이를 메타 인지 능력이라고 부르죠. 하나의 주제를 두고 찬반양론으로 대립하며 토론하는 과정에서 자신의 논리를 세우고 방어하는 방법을 터득합니다. 아직까지도 교사의 일방적인 강의가 주를 이루는 한국식 수업을 생각할 때 매우 부러운 부분입니다.

"미국이 세계를 움직이고 유대인이 그 미국을 움직인다"라는 말이 있어요. 또한 인구가 우리나라의 5분의 1 정도에 불과한 유대인이 전체 노벨상 수상자의 22%, 미국 아이비리그 교수의 30%, 미국 대법관의 3분의 1을 차지하고 있어요. 또 미국 부자 20명 중 여덟 명이 유대인일 정도로 경제력도 막강하고요. 미국 연방준비제도이사회 전 의장 앨런 그린스펀 외에도 구글, 페이스북, 인텔, 마이크로소프트, 스타벅스 등 세계 100대 기업 중 40%의 창업자가 유대인이죠.[2]

하브루타의 근간에 있는 문화는 바로 후츠파(chutzpah)입니다. 히브리어로 무례, 뻔뻔함, 철면피 따위를 뜻하는 후츠파는 용기, 배포, 도전을 의미하기도 해요. 후츠파는 권력자나 권위자에게 주눅 들지 않고 자기 생각을 과감하게 표현하는 용기입니다. 여기에는 자신이 권위자가 되었을 때 권위에 안주하지 않고 상대방 생각을 경청하는 것도 포함됩니다. 한국 문화에서는 어른이 말할 때 반대 의견을 이야기하면 버릇이 없다거나 말대꾸한다거나 대든다고 생각해왔죠. 나이와 성별, 계급에 관계없이 거침없이 대화하고 질문하는 하브루타 교육 방식이 가능한 까닭은 후츠파 때문 아닐까요?

2010년 서울에서 열린 G20 폐막 기자회견에서 한국 기자들이 오바마에게 질문하지 못했던 이유는 무엇일까요? 영어에 능숙하지 못해서였을까요? G20 폐막 기자회견에 참가한 기자라면 누구보다 국제 정세를 잘 알고 있었을 텐데 하고 싶은 질문이 정말 없었을까요? 한국인들에게 '질문한다'라는 행위는 일단 '튀는 행동'이기 때문이에요. 모두 조용히 있는데 나만 손을 들고 질문하는 행위가 그 상황에서 부적절하게 너무 튀거나 분위기의 '맥을 끊는' 방해 요소가 된다고 생각하기 때문이에요.

또 그렇게 수많은 사람 앞에서 질문할 때는 대단히 중요한 내용을 물어야 한다는 압박감 때문이기도 해요. 혹시 엉뚱한 질문을 하면 다른 사람들이 비웃을까 봐 걱정도 되고요. 그래서 궁금한 점이 있어도 꾹 참고 넘어가요. 수백여 명이 모인 강연장에서 마지막에 질문하실 분 있냐고 물으면 손을 드는 사람이 거의 없습니다. 그 많은 사람 앞에서 튈 용기가 없기 때문이죠. 한국 학생들은 뻔뻔하지 못해서 수업시간에 질문하지 못하고, 대학에 가서도 교수님께 질문하지 못해요. 회사에 들어가서는 상사의 결정에 왜 그러냐고 물어보지 못해요. 남들과 비슷한 것이 미덕이 되는 사회는 정말 아쉽습니다.

아무리 엉뚱하고 뻔뻔한 질문을 하더라도 받아주고 존중해주는 문화, 불필요한 권위를 세우지 않고 교사도 학생에게 배울 수 있다는 문화도 배우고 싶어요. 교실에는 다양한 학생이 있습니다. 학업 수준, 성격, 취미, 장점 등이 똑같은 학생이 한 명도 없죠. 배경이 다양한 학생들의 의견은 당연히 모두 다를 수밖에 없어요. 나와 생각이 다른 친구에게, 선생님에게, 어른들에게 '왜 그렇게 생각하는지' 그 이유를 창피해하지 않고 물어볼 수 있는 교실을 만들고 싶습니다. 여러분이 용기 있게 질문하고 진지하게 함께 들어주는 친구들이 되면 좋겠어요.

03

성숙한 토론 문화, 무엇이 옳은가?

디베이트가 영미권에서 발달한 것이다 보니 아무래도 동양권 학생은 익숙하지 않아서 생소해합니다. 미국 최초의 대학 간 공식 디베이트 대회가 개최된 시기가 1892년이라고 하니 역사가 꽤 오래되었어요. '민족자결의 원칙'을 주창한 우드로 윌슨을 비롯해 존 F. 케네디, 리처드 닉슨, 빌 클린턴, 버락 오바마에 이르는 미국의 역대 대통령들도 대학생 시절 디베이트를 즐겼다고 해요.[3]

이들은 왜 디베이트를 열심히 했을까 궁금하지 않나요? 물론 이들이 디베이트에서 말을 기막히게 잘한 덕분에 대통령이 된 것은 아니겠지요. 그러나 자기 생각을 체계적이고 효과적으로 말하지 못하는 사람은 입이 없는 것과 같습니다.[4] 미국 외교관이자 정치인 애들레이 스티븐슨은 '교양 있는 시민'이라는 연설에서 '국민은 그들의 수준에 맞는 정부를 가진다'라고 말했어요.[5] 그렇다면 한 나라의 국회의원들이 토론하는 모습을 보면 그 나라 국민들의 수준을 알 수 있을까요?

하버드대학교 학생들은 어떻게 디베이트를 할까요? 최재천 이화여자대학교 에코과학부 석좌교수에 따르면 하버드대학교 유학 시절 토론 수업이 정말 어려웠다고 해요. 물론 영어가 모국어가 아니기 때문에 어려운 점도 있었겠죠. 다들 자기 생각을 말하는데 혼자 조용히 있으니까 교수님이 "너는 아무 생각이 없니?"라고 물으셨다고 해요. 그 후 열심히 할 말을 준비했고, 자신이 말할 적당한 타이밍을 노려서 겨우 말했다고 해요. 신기한 것은 아무리 엉뚱한 말을 해도 교수님과 친구들이 웃거나 비난하지 않았다는 거예요. 귀 기울여 듣고 격려해줬다고 합니다. 그래서 토론에 재미를 붙이고 용기를 얻었다고 해요.

미국 학생들은 토론을 즐겨 하는데 왜 한국 학생들은 어려워할까요? 최재천 교수에 따르면 우리나라에서는 토론할 때 '누가 옳은가'를 따진다고 합니다. 누가 옳고 누가 그른가를 따지다 보니 디베이트가 말싸움이 되고, 그래서 반드시 이겨야만 하는 싸움이 되어버리죠. 진정한 토론은 누가 옳은가를 결정하는 것이 아니라 '무엇이 옳은가'를 결정하기 위해서 하는 것입니다.

'누가 옳은가'를 따지니 의견 자체와 의견을 제시하는 사람을 동일시하게 돼요. 다른 사람이 내 의견이 옳지 않다고 말하면 마치 내가 옳지 않은 사람이 된 것처럼 기분 나쁘고요. 자기 의견이 관철되지 않으면 졌다는 생각이 들고 기분이 더 나빠져요.

우리나라 학교는 항상 정답이 아닌 것은 오답이라는 전제가 밑바탕에 깔려 있어서 학생들이 늘 정답을 찾으려고 해요. 물론 수학 문제처럼 정답이 있는 경우도 있어요. 하지만 우리 사회에서 일어나는 많은 문제에는 정답이 존재하지 않는 경우가 더 많아요. 우리나라도 여성을 징병해야 한다는 논제에 관한 예를 들어볼까요? '여성을 징병해야 한다'가 정답이고 '여성을 징병해서는 안 된다'가 오답인가요? 이 짤막한 논제 한 문장에 수많은 사람의 이해관계가 얽혀 있기 때문에 쉽사리 결론을 내기가 어려워요. '여성 징병제'에 찬성하는 사람과 반대하는 사람 중 '누가 옳은가'에 집중하니 결국 젠더 갈등으로 번지고 해결책을 찾지 못하고 있어요.

예전에 「끝장 토론」이라는 텔레비전 프로그램이 방송된 적이 있어요. 토론에 관한 진정한 개념을 안다면 '끝장 토론'이라는 표현을 쓸 수 없어요. 시사 토론 프로그램에서 다루는 논제는 우리 사회에서 벌어지고 있는 문제들인데 한두 시간 토론했다고 해서 끝장이 날 수는 없거든요. 토론은 끝장내기 위해서가 아니라 더 나은 해결책을 찾기 위해 하는 것이에요.

지금도 방송되는 토론 프로그램으로 「MBC 100분 토론」이 있어요. 의견이 첨예하게 대립하는 문제를 다루기 때문에 100분도 부족해서 연장전까지 가기도 하죠. 주로 정치인이나 각 분야 전문가들이 나오는데 이들의 토론도 매우 아쉽습니다. 결국 결론은 정해져 있고 상대 의견에 반대하기 위한 근거를 찾을 때가 많거든요. 또 주장에 대한 논리적 근거가 타당한지를 검증하기보다 정치적 입장에 따라 주장을 이미 결정한 채로 토론을 시작하죠. 그래서 아무리 토론을 해도 더 나은 해결책을 찾지 못하고 서로의 입장 차이만 확인하고 끝나버립니다.

우리 친구들은 디베이트할 때 내가 이기는 것보다는 '무엇이 더 옳을까'를 고민하기 바랍니다.

04

무식한 대한민국 vs 독서 디베이트

“책 읽을래? 스마트폰 볼래?”라는 말을 들으면 무슨 생각이 드나요? ‘뭐야, 당연히 스마트폰으로 유튜브 봐야지. 누가 책을 읽어?’라고 생각했나요?

당연해요. 여러분에게 책을 읽으라고 하면서 부모님은 책을 읽으시던가요? 공부하다가 잠깐 쉬려고 침대에서 스마트폰을 봤는데 두세 시간이 훌쩍 지나간 적 있지 않나요? 어른들도 마찬가지예요. 스마트폰 하나만 있으면 어디서나 영화를 볼 수 있는 세상이 되었으니 말이에요. 또 스마트폰으로 전자책도 읽을 수 있으니까요.

어렵게 책 한 권을 끝까지 읽었다고 쳐요. 그러면 부모님이 뭐라고 하시죠? 독서 감상문을 쓰라고 하시죠. 읽은 것만 해도 대단한데 왜 꼭 독서 감상문 쓰라는 숙제를 내주실까요? 독서 감상문 쓸 시간에

한 권 더 읽는 게 낫지 않을까요?

요즘은 유튜브에 모든 것이 있다고들 하죠. 뉴스는 물론이고 음악, 영화 소개, 공부법 소개를 비롯해 책 읽고 리뷰해주는 콘텐츠까지 있어요. 유튜브에서 책에 관해 리뷰하는 사람을 북튜버라고 부르죠. 선생님도 북튜버들의 영상을 가끔 봐요. 이들은 책 내용을 짧게 요약해주고 느낀 점과 배울 점 등을 알려줘요. 그래서 영상을 보고 나면 마치 내가 그 책을 다 읽은 듯한 느낌이 들어요. 책 소개를 보고 책을 찾아 읽는 사람도 있겠지만, 중요한 내용은 영상으로 웬만큼 습득했다고 생각해서 읽지 않는 사람도 있어요.

책을 읽는 것보다 동영상 보는 쪽이 훨씬 편하고 이해도 잘되는데 왜 굳이 책을 읽어야 할까요? 간단히 말해 책을 읽는 뇌와 인터넷하는 뇌가 다르기 때문이에요. 글을 읽을 때는 뇌의 서로 다른 부분이 함께 활성화한다고 하죠. 내용을 이해하기 위해 전두엽과 측두엽이 긴밀하게 협동하면서 뇌를 자극해요. '책 읽으면 똑똑해진다'라는 말이 그냥 나온 것은 아니에요.

'읽는 뇌' 분야의 세계적 연구자인 매리언 울프 터프츠대학교 아동발달학과 교수는 '책을 읽는 아이는 눈에 들어오는 시각 정보를 처리하는 양쪽 후두엽, 언어 이해에 필수적인 측두엽(양쪽 다 참여하지만 좌뇌가 더 활발한 편), 기억력과 사고력 등 인간의 고등 행동을 관장하는 좌뇌의 전두엽 부위들이 점점 빠른 속도로 상호작용하는 법을 배운다'[6]라고 인터뷰에서 말했습니다. 또한 '원래 서로 다른 일을 하도록 설계된 뇌의 여러 부분이 같이 진화해 결국 독서로 머리가 좋아지는 것'이라고 강조했어요.

우리는 디지털 시대에 살면서 디지털 매체에 길들여지고 있어요. 각종 디지털 매체는 우리의 읽기 방법마저 바꾸어버렸고요. 그래서 책, 신문, 잡지 등을 스마트폰으로 스크롤 다운하며 빠르게 훑어보고 있어요. 이처럼 수박 겉핥기식으로 보면, 막상 읽기는 했는데 도무지 무슨 뜻인지 모르는 상황에 처하게 됩니다.

자, 이제 디지털 매체보다는 종이책을 읽어야 한다는 말에 동의하나요? 그런데 독서와 디베이트는 무슨 관련이 있을까요? 왜 독서 디베이트를 해야 할까요?

학생들에게 책을 읽느냐고 물어보면 대부분 안 읽는다고 대답해요. 좀 당황스러워서, 그래도 읽는 책이 하나쯤은 있을 거 아니냐고 물어보면 만화책은 읽는다고 해요. 만화책도 초등학생이나 중학생이나 읽지, 고등학생들은 공부하느라 거의 못 보죠. 그나마 읽는 책은 국어 교과서에 수록된 작품이나 수능 국어 지문에 출제되었던 것이고요. 결국 입시와 관련 없는 책은 시간 낭비라고 생각하기 때문이에요.

중학 국어 비문학 독해(독해력과 어휘력을 함께 키우는 독해 기본서), 수능 국어 비문학 독서(독해력과 추론적 사고력을 키우는 비문학 실전 대비서), 이런 국어 독해 문제집과 필독서 모두가 청소년 분야 베스트셀러입니다. 대한민국 청소년들은 국어 독해 문제집으로 책을 읽고 있다고 해도 과언이 아닙니다.

'무식한 대한민국'

'대한민국이 무식해지고 있다'라고 장대익 서울대학교 자유전공학부 교수가 탄식한 적이 있습니다. 온전히 책 한 권을 못 보니 대학에 들어가도 어려운 책을 읽지 못하고, 겨우 읽더라도 취업 관련 서적이라는 겁니다. 장 교수는 이런 현상이 앞으로 생각하지 않는 인간, 태도가 없는 인간을 만들어낼 거라고 경고했습니다. 그래서 결국 대한민국이 '표피적인 사회, 질문과 호기심이 사라진 사회'가 될 거라고 말입니다.[7] '책 안 읽는 시대가 어떤 결과를 초래할지 암울하다'라고 걱정하기 때문이에요.[8]

인생은 짧고 읽어야 할 책은 많다는 말 들어보셨나요? 인터넷에서 '필독서 100권'을 검색해보세요. 여러 대학교나 저명한 신문과 잡지에서 선정한 필독서 100권 목록이 엄청나게 많이 나옵니다. 그걸 모두 직접 읽을 시간은 없고 수능 국어에는 듣도 보도 못한 지문이 출제되는 상황이니 '○○ 필독서 100' 등의 제목이 붙은 책들이 출간됩니다. 이런 책들은 공부만 하기에도 모자란 수험생의 시간을 아껴주기 위해 여러 인문학 분야의 고전 한 권을 한 페이지로 요약, 정리해줍니다.

물론 그 많은 책을 전부 읽을 수는 없겠죠. 하지만 단 몇 권이라도 직접 읽을 때 뇌의 각 부분이 유기적으로 협동하고 생각하면서 사고의 폭과 깊이가 폭발적으로 성장합니다. 우리가 책을 읽는 이유는 지은이의 생각을 앵무새처럼 그대로 따라 말하기 위해서가 아니에요. 책을 읽으며 지은이의 생각과 내 생각을 비교해보고, 나는 어떻게 생각하는지를 말하고 쓸 수 있어야 해요.

그러기 위해서는 책을 읽는 데서 그치는 것이 아니라 디베이트를 활용하면 좋겠어요. 그냥 책 내용이 좋았다, 별로였다가 아니라 그 안에서 찬성 또는 반대 입장으로 나뉠 수 있는 논제를 찾아내는 거예요. 앞에서 디베이트의 논제는 반드시 찬성과 반대 의견으로 나뉠 수 있어야 한다고 설명했죠? 책에서 논제를 뽑아내는 과정에서도 우리 뇌는 활발하게 작동합니다.

찬성과 반대 입장을 정하고 이를 뒷받침할 수 있는 자료를 조사하세요. 자신의 입론을 작성해 발표하고 상대의 주장을 경청하세요. 질문하고 반박하는 그 모든 과정에서 진정한 생각하는 힘과 소통하는 힘이 길러집니다. 단 한 권을 읽어도 엄청나게 성장한다는 사실을 경험할 거예요.

05

대학생 '독서 골든벨' vs 인문학 디베이트

여러분, 인문학이 무엇인지 알고 있나요? 몇 년 전부터 어른들 사이에서도 인문학 열풍이 불었답니다. 사전을 찾아보면 인문학이란 "언어, 문학, 역사, 철학 따위를 연구하는 학문"이라고 나와요. 그래서 인문학을 '문사철'이라고 불러요. 문학의 '문', 역사의 '사', 철학의 '철'에서 한 글자씩 따서 말이에요. 하지만 요즘은 사회과학과 자연과학의 기초 분야도 인문학의 범주에 포함하고 있어요. 그래서 인문학이란 인간이라면 누구나 알아야 할 기초 교양이라고 정의할 수 있어요. 인문학을 문과생만 공부하는 것으로 아는 사람도 있는데 그렇지 않답니다. 인간답게 살기 위해 알아야 할 것이 참 많죠?

그런데 우리나라 청소년들은 입시 위주의 교육을 받다 보니 공부의 기준이 시험에 출제되느냐 아니냐가 되어버렸어요. 수능 국어마저

불수능이 되다 보니 '인문학 필독서 100권' 같은 목록이 생겨나고, 내용을 요약해주는 책이 잘 팔리죠. 그나마 토론이 다시 중요하게 여겨지는 까닭은 대학 입시 면접에서 대답을 잘하기 위해서이고요.

대학에 입학하면 현실이 달라질까요? 입학 면접을 통과했더라도 독해력이 부족해서 책 한 권을 제대로 읽어내지 못하고 리포트 쓰는 것조차 힘들어한다는 한 대학 교수의 이야기를 본 적 있어요. 고등학생 때는 인문학 필독서를 요약, 정리한 책을 보고 달달 외우면 되지만 대학에서는 그런 방법이 통하지 않겠죠.

독자 여러분은 고등학생을 대상으로 했던 퀴즈 프로그램 「도전 골든벨」을 알 거예요. 한양대학교에서 이와 비슷한 '독서 골든벨' 대회를 개최하고 있어요. 지정 도서 네 권을 읽고 두 사람이 한 팀을 구성해 참가하는 독서 퀴즈 대회인데, 대상 한 팀 600만 원, 금상 한 팀 400만 원 등 총상금이 무려 1,000만 원이 넘어요. 대학생들은 어떤 책을 읽는지 궁금하지 않나요? '2023 한양대학교 독서 골든벨 대회'의 지정 도서는 인문 분야의 『신화의 힘』(조셉 캠벨, 빌 모이어스), 사회 분야의 『생각에 관한 생각』(대니얼 카너먼), 과학 분야의 『인간에 대한 오해』(스티븐 제이 굴드), 예술 분야의 『공간의 미래』(유현준)입니다.[9]

대학생들이 책을 읽고 문제를 맞히면 상금을 주다니! 그 이유는 대학생들도 취업에 도움이 안 되면 안 읽기 때문이에요. 교수들은 대학생들이 얼마나 책을 안 읽으면 고등학생 대상의 「도전 골든벨」을 흉내 내냐며 안타깝다고 반응합니다. 이렇게 해서라도 책을 많이 읽으면 좋겠지요. 그러나 독서 퀴즈를 맞히고 상금을 받기 위해 책을 읽어야 할까요?

대학 재학생들에게 4년 동안 인문 고전 100권을 읽고 토론만 하도록 하는 대학교가 있어요. 대학인데 교수도 없고, 강의도 전공도 없고, 심지어 시험도 없다니 상상이 되나요? 시험이 없다니 정말 좋겠다고요? 교수가 없는 대신 학생과 함께 공부하는 튜터(tutor)가 있고, 철학과 역사 같은 인문학뿐 아니라 언어, 음악, 수학과 과학까지도 고전을 통해 배운다고 해요. 고전을 읽고 토론하고 자신의 생각을 정리해 글로 써서 내요. 모든 수업이 토론으로 진행되니 책을 미리 읽지 않으면 말을 할 수 없겠죠? 그래서 세인트존스대학교를 졸업하고 『세인트존스의 고전 100권 공부법』을 저술한 조한별은 말 안 하면 '쫓겨나는' 대학이라고 표현했어요.

고전은 쉽게 술술 읽히는 책이 아니잖아요? 읽기도 어려운데 자기 생각을 말하고 토론까지 해야 하다니! 고전은 자기와 상관없는 '있어 보이는' 책이라고 생각했던 조한별은 세인트존스대학교에서 공부하면서 고전은 '읽는 책'이 아니라 '생각하는 책'이라는 사실을 깨달았다고 해요. 교수가 가르치지 않고 스스로 공부하는 대학이라니 정말 부럽다는 생각이 들어요.

에필로그

AI와 디베이트한다고?

2019년 2월 미국 샌프란시스코에서 IBM의 토론 전문 AI 컴퓨터 '프로젝트 디베이터(Project Debater)'와 인간 챔피언이 토론 대결을 벌였습니다. 신문과 잡지의 문장 100억 개를 기반으로 지식을 쌓은 프로젝트 디베이터와 대결한 상대는 2016년 세계 토론 챔피언십 결승 진출자이자 2012년 유럽 토론 챔피언 해리시 나타라잔이었어요. 논제는 '우리는 어린이집에 보조금을 지급해야 한다'였어요. 프로젝트 디베이터는 보조금 지급에 찬성, 나타라잔은 반대 입장으로 대결했어요. 결과적으로는 인간이 승리했지만 프로젝트 디베이터는 막강한 잠재력을 보여주었다는 평가를 받았습니다.

IBM은 왜 토론 전문 AI를 만들었을까요? 인간이 설득력 있는 주장을 만들고 증거에 기반하여 결정할 수 있도록 돕기 위해서라고 해요. 프로젝트 디베이터를 개발한 노엄 슬로님 연구원은 '프로젝트 디베이터는 2016년에 초등학생 수준의 토론을 할 수 있었지만 2017년에는 고등학생, 2018년에는 대학생 수준으로 발전했다'라고 설명했어요.[1] 이런 속도로 발전한다면 곧 인간의 토론 능력을 능가하지 않을까요? 디베이터 서보현도 이 기계가 토론에서 거의 완벽한 문장을 구사한다고 평가했거든요.

언젠가 『정의란 무엇인가』의 지은이 마이클 샌델 교수가 하버드대학교에서 강의하는 모습을 텔레비전에서 본 적이 있어요. 워낙 인기 많은 강의

여서 학생이 수백 명에 이르렀어요. 그렇게 많은 학생 앞에서 강의하면서도 샌델 교수는 계속 질문을 하더군요. 어떤 주제에 관해 질문하면 여러 학생이 자신의 생각을 말하고 또다시 샌델 교수가 질문을 하고 학생들이 답하면서 진행되었어요. 미국 대학에는 이런 토론식 강의가 많다고 해요.

이것이 바로 소크라테스 대화법의 핵심 아니겠어요? "그래서 당신은 어떻게 생각하나요?"라는 질문을 반복함으로써 듣는 사람이 스스로 답을 찾도록 만드는 것 말이에요. 질문하기는 토론의 가장 중요한 기본입니다. 사실 우리는 늘 질문을 던지며 살아요. 스스로에게든 다른 사람에게든 질문을 합니다. 질문하면 생각하게 되기 때문이죠.

인간 고유의 영역으로 여겨지던 글쓰기와 예술뿐 아니라 토론의 영역에서도 AI가 활약하는 시대가 되었어요. 그럼에도 불구하고 우리가 토론하는 이유는 무엇일까요?

토론은 상대의 주장을 꺾고 내가 이기기 위한 것이 아니에요. 특히 토론 대회에 나가면 잘해서 이기고 싶잖아요. 진정한 토론이란 구성원 모두를 위해 어떤 문제와 관련하여 더 나은 결정을 이끌어내기 위해 하는 거예요. 개인의 생각은 때로 정확하지 않거나 한쪽으로 치우칠 수 있기 때문에 많은 사람의 생각을 들어보고 더 좋은 결정을 내리기 위해서죠.

이 책의 주제는 모두 최근 우리 사회에서 쟁점이 된 내용들로 골랐어요. 청소년 여러분과는 아직 직접적 관련이 없는 것도 있지만, 찬성 또는 반대 입장을 정하고 근거를 찾는 연습을 하면서 문제를 실감나게 고민할 수 있을 거예요. 그리고 이 주제들은 앞으로 여러분이 주도적으로 해결해가야 할 문제가 될 것입니다.

주

PART 1 질문할 기회를 주세요

1 『디베이트 가이드-아이비리그의 토론 수업은 어떻게 이루어지는가?』, 존 M. 에릭슨·제임스 J. 머피·레이먼드 버드 조이쉬너 지음, 서종기 옮김, 길벗, 2013, 181쪽.

2 『디베이트 가이드-아이비리그의 토론 수업은 어떻게 이루어지는가?』, 존 M. 에릭슨·제임스 J. 머피·레이먼드 버드 조이쉬너 지음, 서종기 옮김, 길벗, 2013, 181쪽.

3 『디베이트 가이드-아이비리그의 토론 수업은 어떻게 이루어지는가?』, 존 M. 에릭슨·제임스 J. 머피·레이먼드 버드 조이쉬너 지음, 서종기 옮김, 길벗, 2013, 181쪽.

4 『디베이트 가이드-아이비리그의 토론 수업은 어떻게 이루어지는가?』, 존 M. 에릭슨·제임스 J. 머피·레이먼드 버드 조이쉬너 지음, 서종기 옮김, 길벗, 2013, 183쪽.

5 『토론 교육의 정석 디베이트-글로벌 교육 리더들이 주목하는 토론 학습의 모든 것』, 케빈 리 지음, 이지스에듀, 2023, 82쪽, 102~103쪽.

6 『토론 교육의 정석 디베이트-글로벌 교육 리더들이 주목하는 토론 학습의 모든 것』, 케빈 리 지음, 이지스에듀, 2023, 102~103쪽.

7 『토론 교육의 정석 디베이트-글로벌 교육 리더들이 주목하는 토론 학습의 모든 것』, 케빈 리 지음, 이지스에듀, 2023, 109쪽.

8 『토론 교육의 정석 디베이트-글로벌 교육 리더들이 주목하는 토론 학습의 모든 것』, 케빈 리 지음, 이지스에듀, 2023, 40쪽, 102~103쪽.

9 『토론 교육의 정석 디베이트-글로벌 교육 리더들이 주목하는 토론 학습의 모든 것』, 케빈 리 지음, 이지스에듀, 2023, 43쪽.

PART 2 교육 이슈를 통한 디베이트

1 한양대학교 인권센터, http://hrc.hanyang.ac.kr/%EC%83%81%EB%8B%B4-%EC%8B%A0%EA%B3%A0/%EC%9D%B8%EA%B6%8C%EC%B9%A8%ED%95%B4/%EC%9D%B8%EA%B6%8C%EC%9D%B4%EB%9E%80.

2 "학생인권조례 딜레마 ②: 어기는 학교들 태반… '이행령 필요'", 뉴시스(2023. 12. 24), https://mobile.newsis.com/view.html?ar_id=NISX20231222_0002568991.

3 "학생인권조례 시행하자 학교 폭력 11% 감소… 인권 친화적 문화가 긍정 영향", 『경향신문』(2023. 12. 25), https://m.khan.co.kr/national/education/article/202312251508001#c2b.

4 "법정으로 간 학생인권조례… "정당한 권리" 판례 뒤집나", 『서울신문』(2024. 1. 1), https://www.seoul.co.kr/news/newsView.php?id=20240102010002.

5 "학교 폭력 기록, 대입 정시-취업에도 반영 추진", 『동아일보』(2023. 4. 6), https://www.donga.com/news/Society/article/all/20230406/118704778/1.

6 "지난해 학교 폭력 심의 건수 2만 건 육박… 언어 폭력 증가", CBS노컷뉴스(2023. 2. 28), https://www.nocutnews.co.kr/news/5902322.

7 "학교 폭력 기록, 대입 정시-취업에도 반영 추진", 『동아일보』(2023. 4. 6), https://www.donga.com/news/article/all/20230406/118704778/1.

8 "학교 폭력 조치 사항 대입 정시 반영 91%가 '찬성'", 데이터솜(2023. 4. 17), https://www.datasom.co.kr/news/articleView.html?idxno=126783.

9 "수능 '킬러 문항' 배제… 어떻게 보십니까?", 『한국경제』(2023. 7. 3~7. 27), https://www.hankyung.com/poll/14348.

10 "수학 킬러 문항 배제, 현실성 있나", 동아사이언스(2023. 11. 11), https://m.dongascience.com/news.php?idx=62391.

11 "킬러 문항 배제, 시기·방법 문제 있지만 해야 하는 이유", 『시사저널』(2023. 6. 30), https://www.sisajournal.com/news/articleView.html?idxno=266849.

12 "킬러 문항 배제, 시기·방법 문제 있지만 해야 하는 이유", 『시사저널』(2023. 6. 30), https://www.sisajournal.com/news/articleView.html?idxno=266849.

13 "킬러 문항 배제, 시기·방법 문제 있지만 해야 하는 이유", 『시사저널』(2023. 6. 30), https://www.sisajournal.com/news/articleView.html?idxno=266849.

14 "'전교 1등도 1등급 못 받아', 고교 내신 상대평가와 절대평가", 『한국일보』(2022. 12. 23), https://m.hankookilbo.com/News/Read/A2022122311150001240.

15 "내신 5등급 상대평가 전환 찬반 '팽팽'", 『부산일보』(2023. 11. 20), https://www.busan.com/view/busan/view.php?code=2023112016594648154.

16 "'절대평가 전환'이냐 '상대평가 유지'냐… 대입 개편안 찬반 격론", 『중앙일보』(2023. 11. 20), https://www.joongang.co.kr/article/25208668#home.

17 "'절대평가 전환'이냐 '상대평가 유지'냐… 대입 개편안 찬반 격론", 『중앙일보』(2023. 11. 20), https://www.joongang.co.kr/article/25208668#home.

18 "'자사고·특목고 존치'… 초중등교육법 시행령 개정", SBS 뉴스(2024. 1. 16), https://news.sbs.co.kr/news/endPage.do?news_id=N1007501321.

19 "'내신도 수능도 절대평가로 바꿔야'… 국민 절반 이상 동의", 교육언론 창(2023. 10. 18), https://www.educhang.co.kr/news/articleView.html?idxno=1123.

20 "'내신도 수능도 절대평가로 바꿔야'… 국민 절반 이상 동의", 교육언론 창(2023. 10. 18), https://www.educhang.co.kr/news/articleView.html?idxno=1123.

21 "'촉법소년 연령 낮춰야' 80% 찬성, 인권위 '사회 복귀 저해'", 중앙선데이(2022. 11. 26), https://www.joongang.co.kr/article/25120736#home.

22 "'촉법소년 연령 낮춰야' 80% 찬성, 인권위 '사회 복귀 저해'", 중앙선데이(2022. 11. 26), https://www.joongang.co.kr/article/25120736#home.

23 "[어떻게 생각하십니까] 소년범 형사처벌 제한 연령 하향-반대", 『서울경제』(2017. 9. 21), https://www.sedaily.com/NewsView/1OL43ORMEQ.

24 "'촉법소년 연령 낮춰야' 80% 찬성, 인권위 '사회 복귀 저해'", 중앙선데이(2022. 11. 26), https://www.joongang.co.kr/article/25120736#home.

25 "'촉법소년 연령 하향, 어른의 책임을 아동에게 떠넘기는 것'-[인터뷰] 연령 하향 반대 김수정 국가인권위원", 『한겨레』(2022. 12. 12), https://www.hani.co.kr/arti/society/society_general/1071200.html.

26 "'촉법소년 연령 낮춰야' 80% 찬성, 인권위 '사회 복귀 저해'", 중앙선데이(2022. 11. 26), https://www.joongang.co.kr/article/25120736#home.

27 "'촉법소년 연령 하향, 어른의 책임을 아동에게 떠넘기는 것'-[인터뷰] 연령 하향 반대 김수정 국가인

권위원", 『한겨레』(2022. 12. 12), https://www.hani.co.kr/arti/society/society_general/1071200.html.

PART 3 사회 이슈를 통한 디베이트

1 "임관혁이 쓰는 인문학 속의 법-(24) 사형제 폐지해야 할까", 법률신문(2023. 9. 20), https://www.lawtimes.co.kr/opinion/191398.

2 "연이은 중대 범죄 영향?… 국민 68.1% '사형 집행해야' [쿠키뉴스 여론 조사]", 쿠키뉴스(2023. 11. 15), https://www.kukinews.com/newsView/kuk202311140246.

3 '2022년 전 세계 사형 현황', 국제앰네스티, https://amnesty.or.kr/campaign/2022%EB%85%84-%EC%A0%84-%EC%84%B8%EA%B3%84-%EC%82%AC%ED%98%95-%ED%98%84%ED%99%A9.

4 "잇단 흉기 난동에 '사형' 여론 확산… 與 '가석방 없는 종신형 논의'", 아시아경제(2023. 8. 4), https://www.asiae.co.kr/article/2023080408231848534.

5 "범죄 예방 효과 없다 vs 잠재적 범죄 예방 효과", 『서울신문』(2012. 9. 6), https://www.seoul.co.kr/news/newsView.php?id=20120906003006.

6 "범죄 예방 효과 없다 vs 잠재적 범죄 예방 효과", 『서울신문』(2012. 9. 6), https://www.seoul.co.kr/news/newsView.php?id=20120906003006.

7 "[팩트체크] 사형제, 살인범죄 억제 효과 있나", 이코리아(2023. 9. 12), https://www.ekoreanews.co.kr/news/articleView.html?idxno=69145.

8 "[논술·면접 대비 찬반 논리] '교통 약자 기본권 지켜야' vs '잘못된 수단 동원 안 돼'", 『매일경제』(2022. 5. 27), https://www.mk.co.kr/news/economy/10332797.

9 "[논술·면접 대비 찬반 논리] '교통 약자 기본권 지켜야' vs '잘못된 수단 동원 안 돼'", 『매일경제』(2022. 5. 27), https://www.mk.co.kr/news/economy/10332797.

10 "오세훈 '불법 시위 전장연보다 불가역적 손실 본 시민이 더 사회적 약자'", 시사포커스(2023. 1. 30), https://www.sisafocus.co.kr/news/articleView.html?idxno=290854.

11 "오세훈 '불법 시위 전장연보다 불가역적 손실 본 시민이 더 사회적 약자'", 시사포커스(2023. 1. 30), https://www.sisafocus.co.kr/news/articleView.html?idxno=290854.

12 "뉴욕시 전철역 중 27%만 장애인 접근 가능", 코리아데일리(2023. 9. 1), https://news.koreadaily.com/2023/08/31/society/generalsociety/20230831204214155.html.

13 "와, 완전히 망했네요" 한국 출산율 듣고 머리 부여잡은 美 석학, https://n.news.naver.com/article/023/0003783383.

14 "결혼·출산은 필수?… 2030 여성 4%만 동의했다", 『조선일보』(2023. 2. 26), https://www.chosun.com/national/national_general/2023/02/26/7D5VDPCC7NEDBDMHR5OSGCEOWE.

15 "'1명이 2명 먹여 살려야 함' 한국 출산율, 진짜 박살 났다", 위키트리(2024. 2. 14), https://www.wikitree.co.kr/articles/926769.

16 "기업에도 세제 혜택… 尹, '합계 출산율 1.0' 앞으로", 헤럴드경제(2024. 2. 17), https://news.heraldcorp.com/view.php?ud=20240217050052.

17 "합계 출산율 0.78명… 2030 여성들의 '솔직 토크'[저출산 공포 ③]", 뉴시스(2024. 2. 11), https://www.newsis.com/view/?id=NISX20240208_0002622000&cID=10201&pID=10200.

18 "자녀 1명 대학 보내려면… 사교육비 얼마나 들까?", 『한국경제』(2022. 12. 7), https://www.hankyung.com/article/2022120705936.

19 "15년간 280조 원 쏟아붓고도 '저출생 현상'은 계속", 『경향신문』(2023. 2. 23), https://m.khan.co.kr/national/national-general/article/202302231008001.

20 "우리나라 의사 수 부족 근거 OECD 통계 최신판 나왔다", 메디칼타임즈(2023. 7. 25), https://www.medicaltimes.com/Main/News/NewsView.html?ID=1154707.

21 "보톡스 관심 갖는 소아과 의사들… '살길 찾아아죠'", 머니투데이(2023. 6. 12), https://news.mt.co.kr/mtview.php?no=2023061121211815067.

22 인구 1000명당 의사 수, 지표누리, https://www.index.go.kr/unify/idx-info.do?idxCd=5069.

23 "의대 증원 규모 '500~2,000명' 발표 임박… 필수 의료·이공계 유인책 고심", 『조선일보』(2024. 1. 28), https://biz.chosun.com/science-chosun/medicine-health/2024/01/26/FYZ3SJPEYNHRPD-DQAURALDTNLM.

24 "국민 67% 의대 정원 확대 '찬성'… 절반 이상 '의사·간호사 부족해'", 머니투데이(2023. 4. 5), https://news.mt.co.kr/mtview.php?no=2023040515114818254.

25 인구 1000명당 의사 수, 지표누리, https://www.index.go.kr/unify/idx-info.do?idxCd=5069.

26 불붙은 노인 연령 상향 급부상… 주요 쟁점 및 방향은?, YTN뉴스(2023. 2. 7), https://www.ytn.co.kr/_ln/0103_202302071116520348.

27 "개선되는 듯하더니… 2022년 노인 빈곤율 38.1%로 뒷걸음질", 연합뉴스(2024. 3. 11), https://www.yna.co.kr/view/AKR20240308073800530?input=1195m.

28 "KDI '노인 기준 65세 재검토 필요… 10년에 1세 높여야'", 뉴스1(2022. 9. 6), https://www.news1.kr/articles/4795162.

29 "[희망 in 한국] 은퇴 이후 노년의 삶이 행복하려면", 라이프인(2024. 3. 15), https://www.lifein.news/news/articleView.html?idxno=16852.

30 "[희망 in 한국] 은퇴 이후 노년의 삶이 행복하려면", 라이프인(2024. 3. 15), https://www.lifein.news/news/articleView.html?idxno=16852.

31 "노인 기준 65세→70세 상향, 60%가 찬성… 8년 전보다 14%p ↑", 『문화일보』(2023. 2. 10), https://www.munhwa.com/news/view.html?no=2023021001039910120006.

32 "만 65세 이상 서울 시민이 생각하는 노인 기준 나이는?", 조세일보(2023. 2. 6), https://joseilbo.com/news/view.htm?newsid=477642.

33 "노인 연령 기준 상향은 대세… 관건은 속도와 보완책", 『경향신문』(2023. 2. 7), https://www.khan.co.kr/national/national-general/article/202302071702001.

PART 4 차별 이슈를 통한 디베이트

1 "100년 전 만든 어린이날 선언 얼마나 잘 지켜질까", 동아사이언스(2022. 5. 5), https://dongascience.com/news.php?idx=53902.

2 "노키즈 식당은 아동 차별", 국가인권위원회 보도자료(2017. 11. 24), https://www.humanrights.go.kr/site/program/board/basicboard/view?&boardtypeid=24&currentpage=15&menuid=001004002001&pagesize=10&boardid=7601837.

3 "노키즈 식당은 아동 차별", 국가인권위원회 보도자료(2017. 11. 24), https://www.humanrights.go.kr/site/program/board/basicboard/view?&boardtypeid=24&currentpage=15&menuid=001004002001&pagesize=10&boardid=7601837.

4 "된장 국물녀도 마녀사냥 'CCTV 공개'", 노컷뉴스(2012. 2. 28), https://www.nocutnews.co.kr/news/4243449.

5 [기획] 노키즈존에 대한 여론, 어떻게 변했을까?, 한국리서치 여론 속의 여론(2023. 2. 22), https://hrcopinion.co.kr/archives/25853.

6 "식당서 뛰어가던 10세 여아 종업원과 부딪혀 뜨거운 물에 화상… 법원 '4,000만 원 배상하라' 판결", 조선닷컴(2013. 11. 23), https://www.chosun.com/site/data/html_dir/2013/11/23/2013112300729.html.

7 '도서관 이용안내', '주간이용', '이용대상', 국립중앙도서관 홈페이지, https://www.nl.go.kr/NL/contents/N40101000000.do.

8 "한국, 세계서 출산율 가장 낮은데 노키즈존?… CNN의 지적", 『중앙일보』(2023. 6. 26), https://www.joongang.co.kr/article/25172531#home.

9 "'아이는 안 돼요' 노키즈존… 전문가들 '어린이 정서 발달에 악영향'", 『조선일보』(2022. 5. 27), https://biz.chosun.com/topics/topics_social/2022/05/06/FDD25VIFOFAT5FY27GFIDTHNXY.

10 "'韓 노키즈존 500곳, 문제는…' 해외 전문가들이 비판한 이유", 머니투데이(2023. 5. 15), https://news.mt.co.kr/mtview.php?no=2023051421555594023.

11 "'아이는 안 돼요' 노키즈존… 전문가들 '어린이 정서 발달에 악영향'", 『조선일보』(2022. 5. 27), https://biz.chosun.com/topics/topics_social/2022/05/06/FDD25VIFOFAT5FY27GFIDTHNXY.

12 "'韓 노키즈존 500곳, 문제는…' 해외 전문가들이 비판한 이유", 머니투데이(2023. 5. 15), https://news.mt.co.kr/mtview.php?no=2023051421555594023.

13 "'사고 나면 다 책임져야 해서'… '노키즈존' 운영 이유 물었더니", 『조선일보』(2023. 12. 28), https://www.chosun.com/national/national_general/2023/12/28/XLB6XSNURBBNJLOZOKS342P7OM.

14 "'韓 노키즈존 500곳, 문제는…' 해외 전문가들이 비판한 이유", 머니투데이(2023. 5. 15), https://news.mt.co.kr/mtview.php?no=2023051421555594023.

15 "해외에도 '노키즈존' 논란, 그 안에 도사리는 '성인주의'", 『시사in』(2023. 6. 11), https://www.sisain.co.kr/news/articleView.html?idxno=50392.

16 정치적 올바름이란 사회적 약자와 소수자에 대한 편견이나 차별이 섞인 언어 사용을 삼가고 통제하려는 모든 사회적 운동을 가리킨다.

17 블랙워싱이란 할리우드 등 서양 주류 영화계에서 무조건 백인 배우를 기용하는 '화이트워싱(white washing)'의 반대 표현이다. 인종 다양성 추구를 내세우며 작품에 흑인 등 유색인종을 무조건 등장시키는 추세를 말한다.

18 "인어공주의 변신은 무죄? PC가 쏘아 올린 논쟁은 '진행 중'", SBS 뉴스(2023. 6. 17), https://news.sbs.co.kr/news/endPage.do?news_id=N1007232850.

19 "'영화 출연진 인종 다양할수록 흥행 수익 높아진다' 속설 입증", 『경향신문』(2017. 6. 22), https://m.khan.co.kr/culture/culture-general/article/201706221534001#c2b.

20 남북 군사력 현황, KOSIS, https://kosis.kr/statHtml/statHtml.do?orgId=101&tblId=DT_1ZGAB12.

21 "60만 이어 '50만 대군'도 옛말… 작년 말 병력 48만 명", 연합뉴스(2023. 7. 23), https://www.yna.

co.kr/view/AKR20230722028500504.

22 "60만 이어 '50만 대군'도 옛말… 작년 말 병력 48만 명", 연합뉴스(2023. 7. 23), https://www.yna.co.kr/view/AKR20230722028500504.

23 "'여성 징병제' 10여 개국… 외국군은 어떻게 시행할까", 뉴스1(2021. 5. 16), https://www.news1.kr/articles/?4307643.

24 "'여자도 군대 가야 할까?'… 남녀 절반 이상 모두 '이렇게' 답했다", 『서울경제』(2023. 7. 12), https://www.sedaily.com/NewsView/29S3NID61Y.

25 "여성 징병제 찬성 54%… 국민의힘 지지자 69%[여론 조사]③", KBS 뉴스(2024. 2. 12), https://news.kbs.co.kr/news/pc/view/view.do?ncd=7887973.

PART 5 그래서 디베이트!

1 『디베이터-디베이팅 세계 챔피언 서보현의 하버드 토론 수업』, 서보현 지음, 문학동네, 2023, 29쪽.

2 "[강소기업이 경쟁력이다] 리더십은 설득력이다", 『한국경제』(2023. 10. 23), https://www.hankyung.com/article/202310204071Q.

3 『디베이트 가이드-아이비리그의 토론 수업은 어떻게 이루어지는가?』, 존 M. 에릭슨·제임스 J. 머피·레이먼드 버드 조이쉬너 지음, 서종기 옮김, 길벗, 2013, 19쪽.

4 『디베이트 가이드-아이비리그의 토론 수업은 어떻게 이루어지는가?』, 존 M. 에릭슨·제임스 J. 머피·레이먼드 버드 조이쉬너 지음, 서종기 옮김, 길벗, 2013, 22쪽.

5 『디베이트 가이드-아이비리그의 토론 수업은 어떻게 이루어지는가?』, 존 M. 에릭슨·제임스 J. 머피·레이먼드 버드 조이쉬너 지음, 서종기 옮김, 길벗, 2013, 22쪽.

6 "'아이들 책 읽는 습관 들이면 GDP 상승으로 돌아옵니다', [창간 96 특집/읽기 혁명], 『책 읽는 뇌』 저자 매리언 울프 美 교수 '읽어야 잘산다'", 『조선일보』(2016. 3. 4), https://www.chosun.com/site/data/html_dir/2016/03/04/2016030400330.html.

7 "무식한 대한민국… '진지 빨지 말고 책 치워라'", 머니투데이(2014. 7. 25), https://news.mt.co.kr/mtview.php?no=2014072316522689257.

8 "무식한 대한민국… '진지 빨지 말고 책 치워라'", 머니투데이(2014. 7. 25), https://news.mt.co.kr/mtview.php?no=2014072316522689257.

9 2023 한양대학교 독서골든벨대회, 한양대학교 공식 블로그, https://blog.naver.com/PostView.naver?blogId=hanyang-univ&logNo=223229868409.

에필로그

1 "[표지로 읽는 과학] '나는 세계 최초의 토론하는 AI입니다'", 동아사이언스(2021. 3. 20), https://dongascience.com/news.php?idx=44921.

참고문헌

『거침없이, 토론!-이슈와 친해지는 20가지 찬반 논쟁』, 김정란 · 박정묵 지음, 북트리거, 2020.

『대한민국 교육을 바꾼다, 디베이트-심화편』, 케빈 리 지음, 한겨레에듀, 2012.

『독서 논술 디베이트』, 장선애 지음, 소울하우스, 2018.

『디베이터-디베이팅 세계 챔피언 서보현의 하버드 토론 수업』, 서보현 지음, 정혜윤 옮김, 문학동네, 2023.

『디베이트 가이드-아이비리그의 토론 수업은 어떻게 이루어지는가?』, 존 M. 에릭슨 · 제임스 J. 머피 · 레이먼드 버드 조이쉬너 지음, 서종기 옮김, 길벗, 2013.

『생각이 많은 10대를 위한 토론 수업-10가지 사회 이슈로 시작하는 청소년 토론 수업』, 김희균 지음, 나무생각, 2022.

『생각하는 십대를 위한 토론 콘서트: 사회-청소년이 꼭 알아야 할 12가지 사회 쟁점』, 윤용아 지음, 꿈결, 2014.

『세인트존스의 고전 100권 공부법』, 조한별 지음, 바다출판사, 2016.

『야무지게, 토론!』, 박정란 지음, 북트리거, 2021.

『질문하고 대화하는 하브루타 독서법』, 양동일 · 김동완 지음, 예문, 2016.

『토론 교육의 정석 디베이트』, 케빈 리 지음, 이지스에듀, 2023.

『토론, 설득의 기술』, 양현모 외, 리얼커뮤니케이션즈, 2019.

『하브루타로 교과수업을 디자인하다』, 이성일, 맘에드림, 2019.